Renate Merklein

Die Rentenkrise

SPIEGEL-BUCH

Umschlagentwurf: SPIEGEL-Titelgrafik
Veröffentlicht im Rowohlt Taschenbuch Verlag GmbH,
Reinbek bei Hamburg, August 1986

Satz Times, Utesch Satztechnik GmbH, Hamburg
Gesamtherstellung Clausen & Bosse, Leck
Printed in Germany
ISBN 3 499 33072 5

Inhalt

Vorwort 9

1
Geburtenschwund in Deutschland 13
Droht bald der Untergang?

2
Die Lehren der Geschichte 34
Was bewirkt Bevölkerungspolitik?

3
Planzahl und Wirklichkeit 45
Gibt es unerfüllte Kinderwünsche?

4
Ökonomie der Fruchtbarkeit 56
Kinder als Konsum oder als Kapitalanlage?

5
Wenig Junge, viele Alte 74
Sind die Alterskassen noch sozial?

6
Die Folgen einer falschen Theorie 91
Fortpflanzungspflicht zur Sicherung der Renten?

7
Der deutsche Traum 105
Versorgt wie ein Beamter?

8
Die Verlängerung des Lebens 127
Versüßt noch durch frühen Ruhestand?

9
Rauschhafte Reformen 141
Minirenten, ein Indiz für Armut?

10
Patente Renten-Rettungs-Rezepte 151
Den Alterskassen ein Baby schenken?

Anmerkungen 165

Verzeichnis der Schaubilder

Begrenzte Fruchtbarkeit 15
Beginn des Geburtenrückgangs in europäischen Regionen

Reiche Länder ohne Zukunft 17
«Baby-Baisse» seit den sechziger Jahren: Die Nettoreproduktionsrate in ausgewählten Industrieländern (1954 – 1982)

Annäherung 22
Vergleich der Nettoreproduktionsraten von Deutschen und Ausländern in der Bundesrepublik (1970 – 1984)

Wachsende Dritte Welt 27
Geschätzte Zunahme der Weltbevölkerung und Anteile nach Regionen (1985 – 2025)

Auf Nachbars Pfaden 30
Langfristiger Vergleich der Nettoreproduktionsrate von Frankreich und Deutschland (1810 – 1982)

Zurückhaltende Angestellte 60
Durchschnittliche Kinderzahl je 100 verheirateter Frauen nach Stellung der Ehemänner im Beruf (1939 – 1985)

Trautes Heim und wenig Kinder 63
Kinderzahl in Hausfrauen-Ehen nach Stellung der Ehemänner im Beruf (1976 – 1981)

Ungesundes Schrumpfen 72
Entwicklung der Bevölkerung in der Bundesrepublik nach Altersgruppen (1985 – 2035)

Wachstum ohne Grenze? 76

Entwicklung der Beiträge zur Gesetzlichen Rentenversicherung in Prozent des Bruttoeinkommens aus unselbständiger Arbeit (1891 - 1986)

Steile Kurve 79

Beitragsbemessungsgrenzen der Rentenversicherung (1949 - 1966)

Weniger Rente oder höhere Beiträge 82/83

Entwicklungen der Rentenansprüche und der Beiträge (Berechnungen für die Jahre 1985 - 2035)

Belastete Zukunft 88

Belastung des Bruttoeinkommens aus unselbständiger Arbeit mit direkten und indirekten Abgaben (Berechnungen 1985 - 2035)

Zu Recht beneidet? 118/119

Lebenseinkommen (Einkommen und Rente/Pension) von Beamten und privatwirtschaftlich Beschäftigten (1936 - 1997)

Langlebige Frauen 129

Die Entwicklung der Lebenserwartung der 65jährigen Deutschen (1871 - 1983)

Die Rentner werden jünger 133

Rentenbeginn der männlichen Rentenempfänger in Prozent der jeweiligen Geburtsjahrgänge

Die Republik der Alten 153

Veränderung der Bevölkerungsstruktur in der Bundesrepublik (1965 - 2040)

Ähnliche Zukunft 161

Zahl der Beitragszahler pro Rentner in Japan und in der Bundesrepublik (1990 - 2025)

Vorwort

Diese Schrift befaßt sich mit zwei Problemkreisen, die nicht naturnotwendig, sondern nur aufgrund politischer Entscheidungen miteinander verknüpft sind. Es geht um die Bevölkerungsentwicklung auf der einen Seite und um die Sicherheit der Altersversorgung auf der anderen, beides dargestellt an den Gegebenheiten in der Bundesrepublik Deutschland, wo die Zahl der Geburten seit geraumer Zeit weit unter der Marge liegt, die eine Bestandserhaltung gewährleisten würde und wo gleichzeitig die Altersversorgungssysteme dem Ruin zusteuern. In den anderen westlichen Industriestaaten ist es freilich ähnlich. Was über die Bundesrepulik zu sagen ist, kann deshalb – mit einigen Abstrichen – als repräsentativ für die Entwicklung in der westlichen Welt angesehen werden.

Daß angesichts der gerade beobachteten Tendenz bei der Bevölkerungsentwicklung darüber räsoniert wird, ob sie für die Gesellschaft vorteilhaft oder ein Fluch sei, hat eine lange Tradition. Politische Philosophen und schließlich auch die Ökonomen haben sich schon sehr früh mit der Frage auseinandergesetzt, ob und welche Veränderungen der Bevölkerungszahl für die politische Stabilität respektive für den gesellschaftlichen Wohlstand vorteilhaft seien.[1]

Dagegen wurde der Frage, ob und inwieweit die Geburtenzahlen die Sicherheit der Altersversorung beeinflussen, früher kaum Beachtung geschenkt. Zwei Gründe gibt es hierfür: Der Lebensabend ohne Arbeit, noch dazu ein sehr früher, ist eine sehr moderne Errungenschaft, eine, die der Kapitalismus mit sich brachte. Nachdem die Akkumulation in Gang gekommen war und der dadurch wachsende Wohlstand das Leben verlängert hatte, gewann die Kapitalansammlung in der Altersvorsorge ein mächtiges zusätzliches Motiv.

Altervorsorge war zunächst Sparen, war damit weitgehend unabhängig von der Bevölkerungsentwicklung. Daß in den vor-, halb- und frühindustriellen Gesellschaften die Bürger vor allem der Unterschicht durch Kinder für ihr Alter vorsorgten und damit auch schon früher ein Zusammenhang zwischen Geburtenzahlen und Alterssicherung bestand, wird heute im nachhinein zuweilen behauptet. Zeitgenössische Arbeiten über die frühere Bevölkerungsentwicklung, ihre vermuteten Gründe und Folgen, berichten darüber allerdings nichts.[2]

Die Vorsorge für Alters-Invalidität war während feudalistischer Zeiten im Bereich der freien oder halbfreien Bauern der Hof, bei Handwerkern der Betrieb, der schließlich auch an nicht Anverwandte gegen Versorgungszusage weitergereicht werden konnte. Für das halb oder völlig leibeigene Gesinde auf den feudalen Gütern gehörte die sehr schmale Versorgung bei nachlassender Arbeitskraft im Alter zur Fürsorgepflicht des Feudalherrn. Die allerunterste Schicht, das Bettelproletariat, konnte schwerlich außer sich selbst und seine Kinder auch noch Eltern ernähren.

Der Zusammenhang zwischen Geburtenzahlen und der Beständigkeit der Altersvorsorge kam erst dadurch in die Welt, daß der Staat diese Altersvorsorge für praktisch *alle* und nicht nur für einen angeblich besonders bedürftigen Kreis übernahm und dadurch, daß er diese Rentensysteme dann in einem reinen Umlageverfahren organisierte. Diese Konstruktion, die die Verläßlichkeit der Altersvorsorge allein von der Zahl des Nachwuchses abhängig macht, wurde beschleunigt erst nach dem Zweiten Weltkrieg politisch durchgesetzt.

Beides, die Bevölkerungsentwicklung und auch die Art und die Sicherheit der Altersvorsorge beeinflussen schon jeweils für sich genommen in erheblicher Weise die wirtschaftlichen Chancen einer Gesellschaft. Beide sind wichtige Determinanten des gesellschaftlichen und politischen Klimas. Beide sind mit vielerlei Leidenschaften beladen.

In diesem Buch werden jeweils nur die ökonomischen Dimensionen des einen wie des anderen Problemkreises erörtert und ebenfalls nur die wirtschaftlichen Folgen, die sich daraus ergeben, daß die Altersvorsorge völlig zum Spielball der demographischen Entwicklung gemacht wurde. Damit soll nicht insinuiert werden, andere Begleiterscheinungen der Bevölkerungsentwicklung und der Konstruktion der Alterssicherungssysteme gäbe es nicht oder sie seien unerheblich.

Starke Veränderungen der Bevölkerungszahl und Bevölkerungsstruktur haben immer auch politische, kulturelle und soziale Auswirkungen. Nicht umsonst galt eine stabile Zahl und Struktur des Staatsvolks bei politischen Philosophen als eine notwendige Bedingung für eine Gesellschaft ohne Konflikte.[4]

Auch die Art, wie die Altersvorsorge organisiert ist, dürfte nicht ohne Einfluß auf das politische und das gesellschaftliche Klima sein. Ob die Alten von selbst angesparten Versicherungs- oder sonstigen Titeln leben, oder ob sie die Kostgänger der Jungen sind, die allein zu deren Lasten eine politisch, via Wahlstimmen-Kauf, bestimmte Rente beziehen, kann wohl kaum ohne Folgen für die Wertschätzung des Alters in der Gesellschaft bleiben.

Dies alles bleibt freilich hier ausgespart. Ausgespart bleiben auch Wertungen, besonders Wertungen im Hinblick auf die Wünschbarkeit einer höheren Fertilität in diesem Land oder in den anderen westlichen Industriestaaten. Nach Erscheinen der SPIEGEL-Serie, deren erheblich erweiterte Fassung in diesem Buch zu finden ist, wurde in einer Reihe von Zuschriften behauptet, sie beruhe auf einer familienfeindlichen Grundhaltung. Der Vorwurf wurde hergeleitet aus den in der Serie und auch hier wieder vorgetragenen Einwänden gegen eine staatliche Familien- und Bevölkerungspolitik – Einwände, die sich zuvörderst auf die bisherige Erfolglosigkeit von Geburtenförderungsmaßnahmen stützten. Wer die bisherige und vermutlich auch künftige Erfolglosigkeit einer Subventionierung des Kinderkriegens darstellt, muß noch kein Feind der Familie sein.

Eine normative Grundhaltung zu dieser Frage gesteht die Verfasserin aber gern ein: Es ist die feste Überzeugung, daß die Familie und die Entscheidung über die Kinderzahl der privaten Autonomie der Bürger überlassen bleiben muß und daß auch ein aus den Fugen geratenes Rentensystem kein Grund sein darf für staatliche Eingriffe in diesen privatesten Bereich der Bürger.

Hamburg, im Juli 1986 Renate Merklein

1
Geburtenschwund in Deutschland

Droht bald der Untergang?

Hast du, was in der Zeitung stand, gelesen?
Der Landtag ist mal wieder sehr empört
von wegen dem Geburtenschwund gewesen.
Auch ein Minister fand es unerhört.

Geburtenrückgang, hat er noch gesagt,
sei, die Geschichte lehrt es,
Deutschlands Ende,
und deine Fehlgeburt hat er beklagt.
Und daß er, daß man abtreibt,
gräßlich fände.

Erich Kästner

Die Spottverse mit dem Titel «Patriotisches Bettgespräch» sind ziemlich alt. Sie stammen aus dem Jahre 1930. Ihr Thema hat in Deutschland längst schon wieder Aktualität gewonnen.

Auch die Politiker der achtziger Jahre sorgen sich wieder um die Vermehrungsfaulheit ihrer Bürger und um deren Folgen. Franz Josef Strauß, Vorsitzender der zweitgrößten unter den Koalitionsparteien, die während der 10. Legislaturperiode in Bonn die Regierung stellten, beispielsweise, sieht – blickt er auf Deutschlands Zukunft – das Ende nahen: Erbittert konstatiert er einen «Verfall der biologischen Leistungsgemeinschaft» in diesem Lande. Bei Helmut Kohl[1], dem sechsten Kanzler der Bundesrepublik Deutschland, gehört die bange Frage, wie wir denn «bei der Geburtenrate von heute in 25 Jahren unsere Nato-Verpflichtungen erfüllen» wollten, ohnehin zum festen Rede-Repertoire.[2]

Im Durchschnitt der zehn Jahre von 1974 bis 1984 gebaren jeweils 1000 Frauen im Mutter-Alter jährlich nur 46 Kinder. Die sogenannte zusammengefaßte Geburtenziffer, die von den Bevölkerungsexperten des Statistischen Bundesamtes jährlich errechnet wird, um zu zeigen, «wie viele Kinder 1000 Frauen im Laufe ihres Lebens zur Welt bringen würden, wenn die gegenwärtigen Geburtenverhältnisse konstant blieben», sinkt im Trend seit vielen Jahren.

Im Jahre 1985 erreichte diese Kennzahl ein neues Jahrhunderttief: Danach sind von 1000 deutschen Frauen während ihrer gesamten Fruchtbarkeitsperiode nur noch 1279 Kinder zu erwarten – und damit viel zu wenige, um die Erhaltung deutscher Art in der bislang gewohnten Menge abzusichern. Dazu nämlich wären – in Anbetracht der mittlerweile zwar geringen und auch noch weiter sinkenden, aber nie ganz ausrottbaren Sterblichkeit bei Babys – derzeit 2129 Kinder je 1000 Frauen nötig. Schon 1970 und in allen darauffolgenden 15 Jahren lag die Geburtenziffer unter dieser Marke, die zur Bestandserhaltung nötig wäre.[3]

Fleißige Kommissionen auf Landes-, Bundes- oder Parteienebene, die Szenarien über die künftige Größe des deutschen Volkes entwickeln, kommen allenthalben zu dem Schluß, daß der Bundesrepublik bei «anhaltend niedrigem Geburtenniveau» eine drastische «Verminderung der Einwohnerzahl» drohe – so etwa die vom Bundeskabinett eingesetzte «Arbeitsgruppe Bevölkerungsfragen«.[4]

Nach den Modell-Rechnungen dieser Arbeitsgruppe werden im Bundesgebiet anno 2030 bestenfalls nur noch gut 43 Millionen, schlechtestenfalls gar lediglich 33,6 Millionen Deutsche leben. Nach dieser düstersten Prognose wird die Zahl der Deutschen in der Bundesrepublik bis zur Wende zum 21. Jahrhundert auf etwa 50 Millionen und damit gegenüber 1985 (57 Millionen) um zwölf Prozent sinken.[5]

«Raum ohne Volk» – die Paraphrase auf den mehr als fatalen Spruch vom «Volk ohne Raum», den der deutschnationale Literat Hans Grimm[6] in den zwanziger Jahren erfunden hatte und den die Nationalsozialisten (mit durchaus anderen Intentionen) nachgebetet haben – ist unterdes schon vielen zu solchen Zahlenwerken eingefallen.

Nach der Variante, die von den Rechnern als die offenkundig wahrscheinlichste angesehen wird, gibt es zwar künftig mehr ausländische Zuwanderer, die den entleerten Raum ein wenig wieder füllen; den mangelnden Regenerationsfleiß der Deutschen aber werden sie nach der Annahme der Bevölkerungskalkulatoren nur teilweise ausgleichen können. Trotz der unterstellten

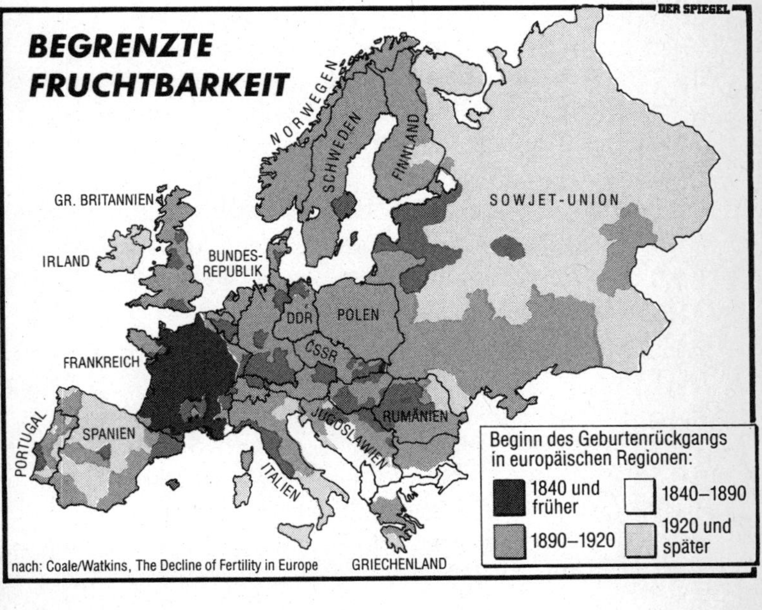

Immigrationszunahme rechnen die amtlichen Schätzer damit, daß sich schon für das Jahr 2000 nur noch eine «Gesamtbevölkerung in der Bundesrepublik von rund 59,14 Millionen» ergebe, «die bis zum Jahr 2030 auf rund 45,74 Millionen weiter zurückgeht«.[7]

Damit hätte die kleine Bundesrepublik mit ihren nur 249 000 Quadratkilometern Fläche dann zwar immer noch in etwa so viele Einwohner, wie das Deutsche Reich unter Einschluß aller unterdes abhanden gekommenen Ostprovinzen und inklusive Elsaß-Lothringens zur Zeit des Amtsantritts von Kaiser Wilhelm II. aufzuweisen hatte (540 500 Quadratkilometer). Gegenüber dem Bevölkerungsstand von 61 Millionen in der Mitte der 80er Jahre dieses Jahrhunderts aber wäre das ein Schwund von rund 25 Prozent.

Die Aussicht, zahlenmäßig an Bedeutung zu verlieren, steht freilich nicht allein den Deutschen bald bevor. Die Fruchtbarkeit der Bürger sinkt allenthalben in allen industrialisierten Staaten des Westens.

Für Europa und die anderen industrialisierten Regionen der Welt hat sich jenes «Naturgesetz» nicht erfüllt, das der anglikanische Pfarrer und bis heute berühmteste Bevölkerungswissenschaftler Thomas Robert Malthus (1766 bis 1834) entdeckt haben wollte. Malthus' Erkenntnis, «daß die Bevölkerung die dauernde Neigung» habe, «sich über das Maß der vorhandenen Nahrungsmittel hinaus zu vermehren»[8], war freilich bereits im 19. Jahrhundert durch die Entwicklung widerlegt worden.

Zum einen stiegen zwar damals die Bevölkerungszahlen in allen europäischen Staaten zunächst noch kräftig infolge verringerter Sterblichkeit, bei unvermindert hoher, zunächst sogar noch steigender Geburtenrate. Aber schon im ersten Drittel des vergangenen Jahrhunderts, also noch zu Malthus' Lebzeiten, verzeichnete ein

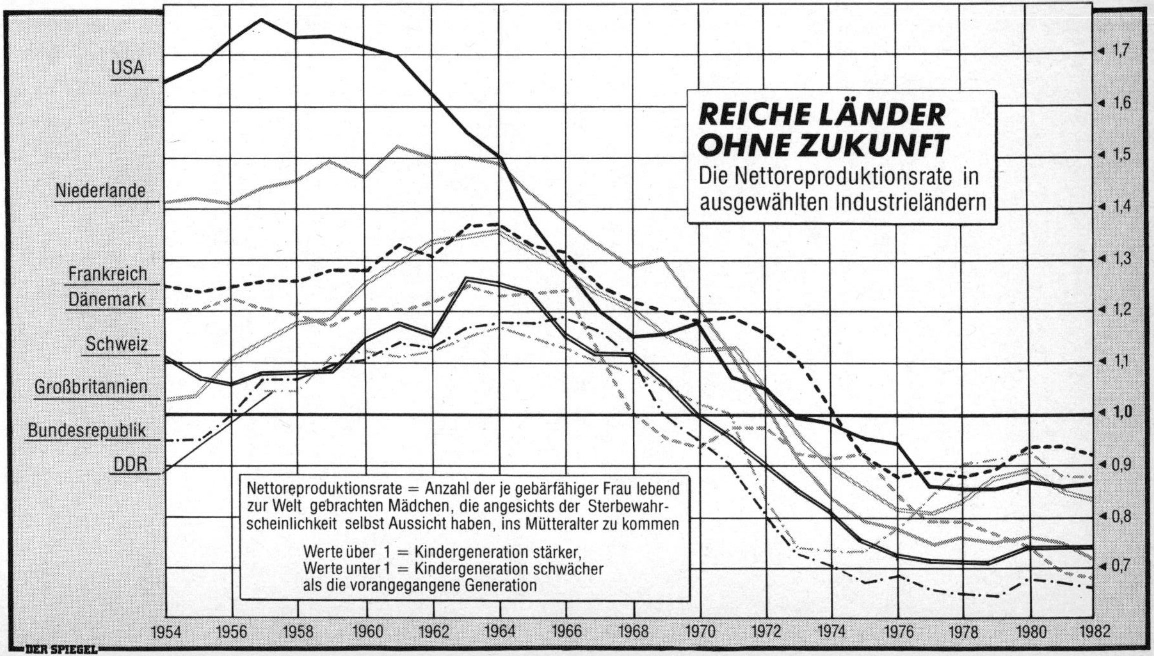

REICHE LÄNDER
OHNE ZUKUNFT
Die Nettoreproduktionsrate in ausgewählten Industrieländern
USA
Niederlande
Frankreich
Dänemark
Schweiz
Großbritannien
Bundesrepublik
DDR
1,7
1,6
1,5
1,4
1,3
1,2
1,1
1,0
0,9
0,8
0,7
1954
1956
1958
1960
1962
1964
1966
1968
1970
1972
1974
1976
1978
1980
1982
Nettoreproduktionsrate = Anzahl der je gebärfähiger Frau lebend zur Welt gebrachten Mädchen, die angesichts der Sterbewahrscheinlichkeit selbst Aussicht haben, ins Mütteralter zu kommen
Werte über 1 = Kindergeneration stärker,
Werte unter 1 = Kindergeneration schwächer als die vorangegangene Generation
DER SPIEGEL

großes europäisches Land, Frankreich, das lange Zeit der bevölkerungsreichste Staat des Kontinents gewesen war, einen starken Geburtenrückgang. Und das gleiche geschah später in allen europäischen Staaten (siehe Grafik Seite 15).

Zum anderen erwies sich auch als falsch, daß Volksvermehrung immer «mannigfache Formen des Elends» nach sich ziehen müßte, wie Malthus geglaubt hatte[9]. Die starke Volksvermehrung, die damals trotz mählich sinkender Geburtenraten über Europa niederkam[10], erwies sich, zumindest auf längere Frist betrachtet, nicht als Fluch, sondern vielmehr als Segen. Sie brachte nicht – wie Malthus und seine Jünger zunächst befürchtet hatten – Not und Armut als Dauerschicksal für Europas Massen. Im Gegenteil: Die Volksvermehrung wurde «Motor, Bedingung und Symptom» (Joseph Alois Schumpeter)[11] eines zuvor nie dagewesenen, ja nie für möglich erachteten Wohlstandszuwachses für alle, wenn auch nicht für jeden gleichermaßen.

Malthus, der keineswegs erste, aber gewiß prominenteste Warner vor den Konsequenzen hoher Fruchtbarkeit, hatte nämlich in seiner Analyse der Gleichung «mehr Menschen = mehr Konsumenten» zuviel einseitiges Gewicht beigelegt und der gewiß auch richtigen Erkenntnis von der Begrenztheit der Ressourcen eine allzu aktuelle Bedeutung zugemessen. Zugleich hat er bei weitem die Möglichkeiten der Menschen als Produzenten unterschätzt, vor allem ihre Möglichkeit, bei größerer Kopfzahl und Besiedlungsdichte mehr Arbeitsteilung zu betreiben.

Daß der Bevölkerungszuwachs im Europa des vergangenen Jahrhunderts langfristig keine Schrecken, vielmehr durch die Ermöglichung erhöhter Arbeitsteilung und der damit verbundenen Steigerung der Produktivität durchaus Erfreuliches erbrachte, belegen historische

Statistiken. In England beispielsweise, wo sich die Bevölkerung im Laufe des 19. Jahrhunderts verdreifacht hatte, ist das reale Pro-Kopf-Einkommen während dieser Zeit um jährlich mehr als ein Prozent gestiegen, betrug damit am Ende dieser Periode 2,7 mal soviel wie zu Beginn.[12]

Mittlerweile haben alle industrialisierten Länder ganz offenkundig andere Sorgen als jene, die Malthus für permanent hielt.

Im Bereich der Europäischen Gemeinschaft weist nur noch Irland Geburtenziffern aus, die ein Bevölkerungswachstum auch in Zukunft erwarten lassen. In allen anderen Staaten der EG liegen die Geburtenzahlen teilweise seit vielen Jahren weit unter jener Marke, die der einzelnen Nation die bislang gewohnte Größe sichern könnte. Ähnlich ist es in der Schweiz, in Schweden, Kanada, in Japan und auch in den Vereinigten Staaten. Dort überall ist nationale Schrumpfung angesagt, zumindest dann, wenn der Gebärfleiß sich nicht bald erheblich beschleunigt.

In allen diesen Ländern – auch in der Bundesrepublik – waren die Geburten nach dem Zweiten Weltkrieg zunächst weit über das zuvor, in den zwanziger und dreißiger Jahren, gewohnte Maß gestiegen, und zwar so stark, daß dieser Nachwuchs-Schub den Namen «Baby-Boom» erhielt. Dem Boom, der Überhitzungsphase also, folgte eine Baisse bei der Vermehrungstätigkeit, die in allen Staaten im Verlauf der sechziger Dekade begann und sich seither nur noch verschärfte (siehe Grafik Seite 17).

In keinem anderen Land fiel allerdings die Fruchtbarkeit bislang so stark wie in der Bundesrepublik, wo schon seit 1972 mehr Eingeborene sterben als geboren werden, wo selbst die zugezogenen Fremden nicht mehr sehr viel Vermehrungsfreude zeigen; denn selbst die Gastarbeiterfrauen gebären – einem populären Vorurteil entgegen

– weitaus weniger Kinder, als nötig wären, um wenigstens den Bestand der hierzulande lebenden Ausländer zu sichern (siehe Grafik Seite 22).[13] Deshalb auch stehen keinem anderen Staat die Folgen, die ein Geburtenrückgang nach sich zieht, so dicht bevor.

Der Absturz der Geburtenziffern – häufig «Pillenknick» genannt, obwohl er angesichts von früheren Vermehrungsbaissen kaum durch die seit etwa 1960 überall paraten Antibabypillen hinreichend erklärbar ist – schuf allenthalben schwelende Probleme und manches Schizophrene, zumindest was die Äußerungen und das Handeln der Staatenlenker anbelangt.

Ein entleertes Deutschland wurde schon oft prophezeit

Gespaltenen Sinnes sind die Politiker des Westens ohnehin seit langem in Bevölkerungsfragen, je nachdem, ob die Dynamik des eigenen Volkes oder aber das Wachstum der gesamten Menschheit zur Debatte steht. In dem einen Fall gebärden sie sich offen als «Populationisten», als Anhänger jener Idee, wonach mehr Volk nur ein Segen sein könne. In dem anderen Fall geben sie sich als Malthusianer.

Bei jenem Teil der Weltbevölkerung, der ihrer eigenen und nächstverwandter Nationalität (und Rasse) zugehört, finden sie gemeinhin einen Stopp des Wachstums, erst recht natürlich einen Rückgang, sehr beklagenswert. Zugleich jedoch bejammern sie gern sorgenvoll den Trend zur Übervölkerung der Erde, beklagen fast gewohnheitsmäßig die hohe Fruchtbarkeit in den Entwicklungsländern – deren Volksmasse, noch immer zunehmend Gewicht auf dieser Welt gewinnt (siehe Grafik Seite 29), deren Bürger bislang freilich meist noch längst nicht so dicht gesiedelt leben wie die Europäer.

Westdeutsche Regierungen fallen keineswegs sehr auf, wenn sie sich einerseits der Unterstützung für weltweite Familienplanungs-Programme, «die zu einer Verlangsamung des Bevölkerungswachstums beitragen», rühmen (so etwa das Kabinett Kohl/Genscher im Bericht über die Entwicklungspolitik[14]) sich andererseits darüber sorgen, wie denn im Inland der Bevölkerungsschwund gewendet werden könne.

Und in Europa zumindest ist auch jene andere Bewußtseinsspaltung, die hiesige Politiker bei dem Gedanken an den Geburtenrückgang stets überfällt, nicht selten, sondern fast normal. Wie hier, so führt die abgesunkene Fruchtbarkeit auch in den anderen Ländern Europas zugleich ein Plus- wie auch ein Minus-Zeichen bei jenen, die sich um sie kümmern.

Als hochwillkommener Segen gilt sie gemeinhin für den Arbeitsmarkt. Denn hier und auch in ganz Europa ist die seit langem niedrige Geburtenrate derzeit die einzige nicht morsche Stütze für die Hoffnung, daß die allzu hohe Arbeitslosigkeit in ein paar Jahren immerhin zurückgehen könnte – weil dann nur noch sehr schwach besetzte Geburtenjahrgänge in das erwerbsfähige Alter kommen, folglich mehr alte Arbeitskräfte ausscheiden als junge hinzutreten werden, weil mithin weniger als früher die angeblich knappe Arbeit begehren.

Doch was vielleicht die mangelhafte Fähigkeit, Erwerbsgelegenheiten zu beschaffen, zwar nicht verbessert, aber doch verdeckt, reißt andere Lücken. Denn der Geburtenrückgang bringt alle Nationen, die sich ein üppiges soziales Renten-Werk anschafften und diese hohen Staatspensionen durch Umlage, also nach «Art von Kettenbriefen» (der französiche Sozialwissenschaftler Jean-Jacques Rosa[15]) finanzierten, auf Dauer in ziemlich schlimme Schwierigkeiten – wahrscheinlich zuallerst die Deutschen, da sie beim Nachwuchshecken besonders

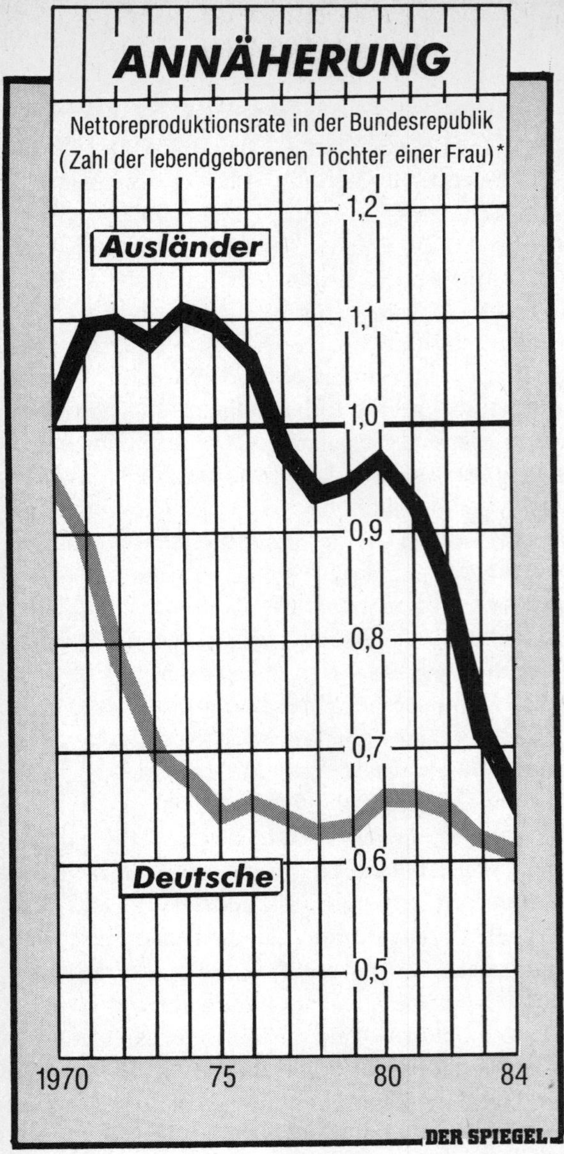

ANNÄHERUNG
Nettoreproduktionsrate in der Bundesrepublik
(Zahl der lebendgeborenen Töchter einer Frau)*
1,2
Ausländer
1,1
1,0
0,9
0,8
0,7
0,6
Deutsche
0,5
1970
75
80
84
DER SPIEGEL

träge, bei der Verteilung von Pensionsansprüchen jedoch besonders rege waren.

Genau deshalb und – das wird nicht so oft und auch nicht ganz so dröhnend vorgetragen – aus Sorge um die Wehrkraft sowie auch darum, daß die Welt das deutsche Wesen bald entbehren müßte, rückten laute Klagen über die Vermehrungsfaulheit der Bürger bei dem üblichen Lamento, das die Politiker dem Volke vorzuhalten pflegen, um die Mitte der achtziger Jahre an die allererste Stelle.

Heiner Geißler, CDU-Generalsekretär und von Oktober 1982 bis September 1985 auch Bundesminister für Jugend, Familie und Gesundheit, etwa trägt warnend vor, daß «sich ab dem Jahre 2000 die Probleme in der Rentenversicherung dramatisch verschärfen . . . wenn es bei der negativen Geburtenentwicklung bleibt«.[16] Möglichst viele Frauen sollen daher den Alterskassen bald ein Baby schenken.

Der Bundeskanzler Helmut Kohl mahnt gelegentlich «das Ja zum Kinde» an, und spricht verdüstert von einer «Katastrophe . . . in der demographischen Entwicklung», auf die das Land nun zutreibe.[17] Franz Josef Strauß schließlich sieht «ein sterbendes Volk», dem sanierte Haushalte zu hinterlassen, «keinen Sinn» mehr mache.[18]

Visionen, daß sich Deutschland entleeren und damit das deutsche Wesen aussterben könnte, zählen freilich zu den wenigen Konstanten in der deutschen Geschichte dieses Jahrhunderts. Die Prophezeiung, den Deutschen stehe die langsame Selbstauflösung bevor, ist immer wieder aufgestellt und dann doch immer wieder durch die Fakten dementiert worden. Schon vor dem Ersten Weltkrieg erschienen warnende Schriften, daß ein damals auch schon beobachtbarer Geburtenrückgang den Bestand der Nation gefährde und deshalb bekämpft werden müsse.[19]

Eine «Erschlaffung des Fortpflanzungswillens» konstatierten zu ihrer Zeit auch die Weimarer Demokraten samt den «Gefahren . . . die sich aus dieser Verminderung der ursprünglichen Volkskraft für die Zukunft unserer Nation ergeben» (so etwa der damalige sächsische Innenminister Friedrich Wilhelm Richter, parteilos, vor einem Kongreß des «Reichsbundes der Kinderreichen Deutschlands zum Schutze der Familie e.V.» im Jahr 1930)[20]. Und die so artikulierte Sorge blieb in Deutschland eine Art Hintergrundmelodie über den Wechsel von Systemen, über Katastrophen hinweg.

Fast nie schien den jeweiligen Zeitgenossen die jeweils erreichte Geburtenrate den Bestand des Volkes ausreichend zu sichern. Das gilt keineswegs nur für den auf Mehrung der germanischen Rasse wahnwitzig versessenen Diktator des Dritten Reiches. Ihm wäre der Zuchtfleiß, natürlich nur von Eltern nachweislich «deutschen und artverwandten Blutes» (so etwa Paragraph 1 der sechsten Durchführungsbestimmungen zur Verordnung über die Gewährung von Kinderbeihilfen aus dem Jahr 1937), ohnehin auch dann nicht ausreichend erschienen, wenn er den zu seiner Zeit erreichten – keineswegs sonderlich hohen – Stand weit übertroffen hätte.

Auch unbestritten demokratische Politiker der zweiten deutschen Republik fanden die zu ihrer Zeit beobachtete Fruchtbarkeit des Volkes zu klein. So klagte Konrad Adenauer, der erste Kanzler der Bundesrepublik, in der Regierungserklärung anläßlich seiner Wiederwahl 1953 darüber, daß die «Zusammensetzung der Bevölkerung . . . sich stetig zuungunsten des Prozentsatzes der im produktiven Alter stehenden» verändere, «weil die Langlebigkeit wächst und die Geburtenzahl abnimmt». Zugleich warnte er vor diesem «für unser ganzes Volk im Verlauf einiger Generationen vernichtenden Prozeß«.[21]

Als Adenauer zehn Jahre später von der politischen Bühne abtrat war davon keine Rede mehr. Im Gegenteil: Über die Einwohnerzahl, die zwischen 1953 und 1963 um gut zehn Prozent zugenommen hatte, schrieb damals etwa die Sozialenquête-Kommission, sie sei weiterhin «in einem stetigen und kräftigen Anwachsen begriffen.»[22] Ähnlich waren viele Jahre zuvor auch die Niedergangsprognosen aus wilhelminischen und Weimarer Tagen durch Zeitablauf erledigt worden (siehe Grafik Seite 30).

Nicht daß all diese später dementierten Zukunftsbilder von vornherein auf blankem Zweck-Pessimismus beruhten, etwa um Subventionen und Wahlgeschenke zu fordern oder zu bemänteln. Die Aussagen über einen bevorstehenden Niedergang der deutschen Nation aus der wilhelminischen, der Weimarer wie der Adenauer-Zeit stützten sich samt und sonders auf solide Statistiken und seriöse Vorausberechnungsmethoden – genauso wie die heutigen wieder einmal auf Rückgang programmierten Bevölkerungsprognosen.

Die Schlußfolgerung daraus, daß auch der jetzt vorausgesagte und schon im vorhinein beklagte Schwund an Volk nur eine bald vergessene Prophezeiung bleiben werde, ist – wenn auch naheliegend – nicht unbedingt plausibel.

Denn was die früher vorausgeschätzten Einbrüche dann doch noch abgewendet hat, steht nun wohl nicht mehr zu Gebote. Der drastische Fall der Fruchtbarkeit im kaiserlichen Deutschland etwa, der um 1880 herum begann und bis 1912/13 einen Rückgang der Geburten je 1000 fertiler Frauen um 30 Prozent bewirkte[23], wurde voll kompensiert durch einen starken Rückgang der Sterblichkeit vor allem bei Kindern und bei jungen Leuten.

Was die Bevölkerungswissenschaftler nüchtern und als gehe es um investive Güter die «Nettoreproduktionsrate» nennen, wurde dadurch wieder aufgerichtet. Gezählt werden bei dieser Rate nur die Frauen und auch nur ihre weibliche Nachkommenschaft – genauer: Gezählt wird, in welchem Ausmaß eine Frauengeneration durch hinreichend lang überlebende, daher auch wieder gebärfähige Töchter ersetzt wird.

Am Anfang des 20. Jahrhunderts fiel der Ersatz von Frau durch Frau trotz des Sturzes der Geburtenrate nicht sichtbar ab, weil zugleich mehr Mädchen ihre Kinderjahre überlebten und damit dann als Potential für weitere Reproduktionen zur Verfügung standen.

Die Chance, selber für die Volkserhaltung und -vermehrung tätig sein zu können, stieg im Verlauf der zwei Dekaden vor dem Ersten Weltkrieg speziell für weibliche Neugeborene, die – bei den Fruchtbarkeitsstatistikern zumindest – weit mehr als Knaben zählen, viel stärker an, als Zeitgenossen seinerzeit vermuten konnten.

Während noch um 1890 von 1000 neu geborenen Mädchen lediglich 653 eine Chance hatten, die Pubertät zu überstehen, waren es um 1910/11 herum schon 780. Während von den frühen neunziger Jahrgängen nur gut die Hälfte Aussicht hatte, das gebärfähige Alter (15-45 Jahre) voll zu durchleben, waren es bei den nur zwanzig Jahre später Geborenen schon etwa zwei Drittel.[24] Und weil die Mädchen soviel länger lebten, reichte ihre kleinere Zahl, um das seinerzeit recht große Deutsche Reich sogar noch weiter steigend zu bevölkern.

Die Nettoreproduktionsrate lag 1913 trotz des seinerzeitigen Geburtenschwunds noch immer bei 1,417 – auf 1000 Frauen kamen 1417 hinreichend lang überlebensfähige Töchter. Das sind nur 1,7 Prozent weniger als in den neunziger Jahren, in denen die Zahl aller und auch der Mädchengeburten um 30 Prozent höher gelegen hatte.[25]

Deutliche Gewinne an Überlebensfrist speziell für Mädchen und für junge Frauen, die auch zur Zeit von

WACHSENDE DRITTE WELT

Nach Schätzungen der Vereinten Nationen nimmt die Weltbevölkerung von 4,83 Milliarden im Jahr 1985 auf 8,19 Milliarden im Jahr 2025 zu.

Anteile an der Weltbevölkerung nach Regionen (in Prozent):

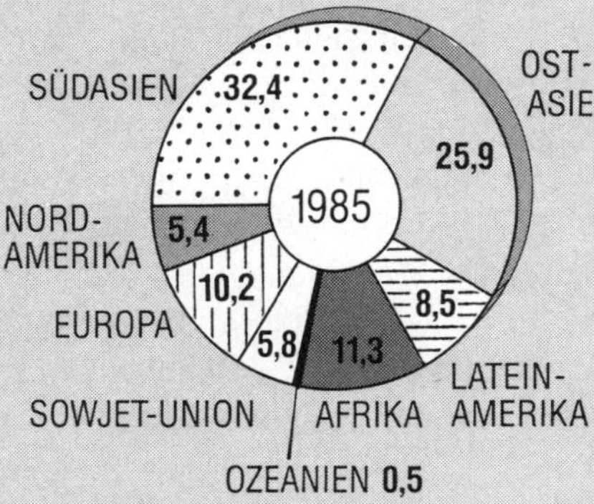

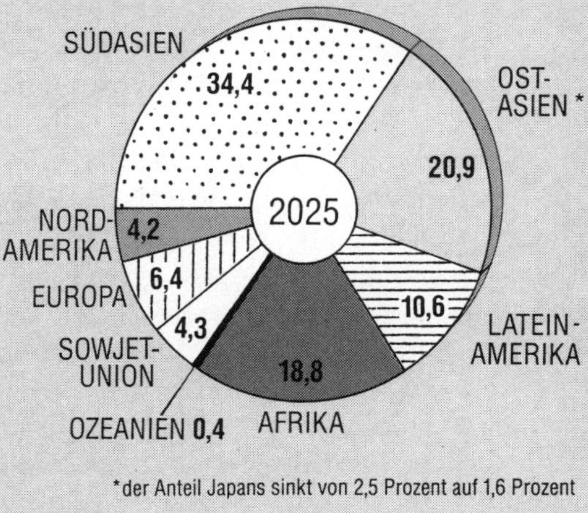

*der Anteil Japans sinkt von 2,5 Prozent auf 1,6 Prozent

DER SPIEGEL

Weimar noch den sinkenden Gebärfleiß teilweise kompensierten, sind als unverhoffte Stütze der nationalen Kopfzahl nun nicht mehr zu erwarten: Denn weibliche Neugeborene haben bereits eine fast 100prozentige Chance, ins Mutteralter zu gelangen: Nach jenen Berechnungen, die bei Versicherungs- und Bevölkerungsmathematikern kühl-distanziert «Absterbeordnungen» heißen, erreichen von 1000 in den frühen achtziger Jahren neu zur Welt gekommenen Mädchen mindestens 986 das 15., über 960 auch das 45. Lebensjahr.[26]

Trotz dieser hohen Überlebenschance der neugeborenen Mädchen ist die Nettoreproduktion 1985 auf 0,59 – und damit auf den niedrigsten Wert, der je beobachtet wurde – gefallen; auf 1000 Frauen im gebärfähigen Alter kamen mithin nur noch 590 überlebensfähige Töchter. Die heutige Generation der gebärfähigen Frauen wird also nur noch zu knapp 60 Prozent durch ihre Töchter ersetzt.[27]

Auch was in der Adenauer-Zeit die Zahl der Bundesdeutschen, speziell der jungen Bürger, unvermutet steigen ließ, ist nun wohl nicht mehr leicht zu wiederholen: Damals stieg die Bevölkerung, und zwar die mit deutscher Abkunft, in kurzer Zeit, von 1950 bis 1961, um fast sechs Millionen.

Der größte Teil davon ging auf das Konto jenes Postens, der bei den Volkszählern als «Wanderungsgewinn» firmiert – obwohl die Bürger, die da kamen, eher geflohen denn gewandert waren: im wesentlichen aus der DDR, die nach Ermittlungen des Bundesinnenministeriums bis 1961 insgesamt (und die erst nach der Flucht geborenen Kinder mitgerechnet) 3,1 Millionen Einwohner an die Bundesrepublik verlor. Weitere 400 000 Deutsche gewann damals die Bundesrepublik Deutschland als Spätaussiedler aus Ost- und aus Südosteuropa dazu.[28]

Seit Mitte der sechziger Jahre läßt die DDR meist nur

noch Rentner über ihre mittlerweile durch hohe Zuchthausmauern markierte Grenze gen Westen ziehen (natürlich ohne die von ihnen in die dortigen Alterskassen eingezahlten Rentenbeiträge hinterherzusenden). Gewinn an jungem Volk, dazu auch noch an deutschem, durch Wanderung von Ost nach West, ist daher auch in Zukunft wohl kaum möglich.

Nebelspalter, Haitzinger

«Jetzt wird's Zeit, daß die beiden an Nachwuchs denken»

So bleibt für die Politiker in Bonn, die sich ob des Geburtenschwunds sehr grämen und gern die Aussicht auf mehr Deutsche hätten, nur eines: die Hoffnung auf eine Art von Baby-Boom wie jener, der damals zu Adenauers Zeiten und ein paar Jahre über seine Ära hinaus zusätzlich zu den Wanderungsgewinnen für Zuwachs an Eingeborenen sorgte.

Mit weitgehend tatenloser Zukunftszuversicht mögen sich Deutschlands Regierende in diesem Fall freilich schon längst nicht mehr begnügen.

Schon im Laufe der siebziger Jahre ist der sogenannte Familienausgleich kräftig erhöht worden; der Trend bekam noch mehr Fahrt, als Helmut Kohl von der Christlich Demokratischen Union die Kanzlerschaft im Herbst 1982 übernahm. Nahezu alle Gesetze, die von seinem Kabinett dem Parlament vorgeschlagen und dort auch folgsam verabschiedet wurden, erhielten eine sogenannte Familienkomponente. Und das hieß immer: Es gab Geld oder geldwerte Vorteile für jene, die nicht nur tätig, sondern mit Erfolg dem schwärenden Geburtenschwund entgegenwirken. Denn angesichts der niedrigen

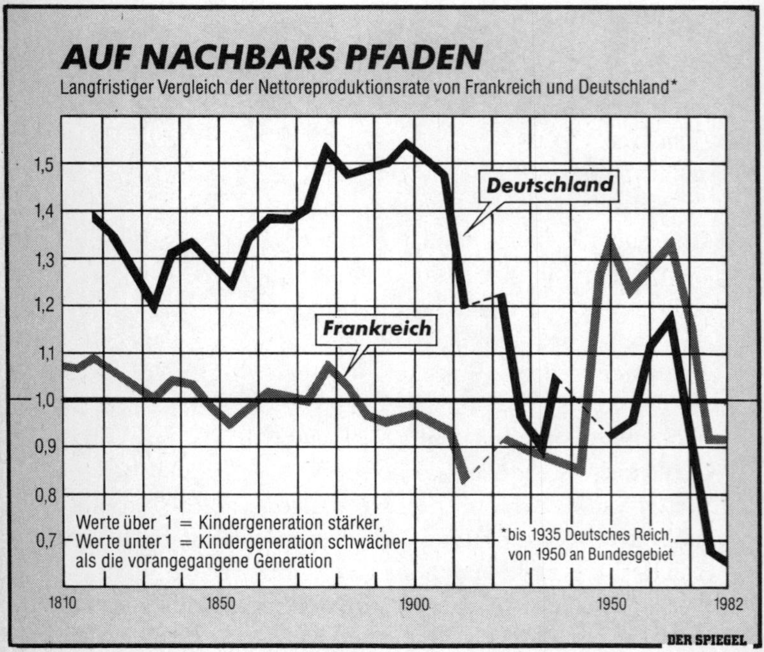

Geburtenrate hatte Helmut Kohl, schon ehe er Kanzler wurde, verkündet: «Für mich ist die Frage der Familienpolitik die zentrale Frage der staatlichen Politik.»[29]

Die Summen immerhin, die von dem Kabinett Kohl/Genscher beantragt und dann vom Parlament bewilligt wurden, um Kinder auch zu einem monetär meßbaren Reichtum für das ansonsten fortpflanzungsfaule Volk zu machen, sind beträchtlich.

Für Vergünstigungen bei der Steuer für Bürger, die Kinder haben oder dieserhalb welche kriegen, werden 1986 alleine zusätzlich 7,7 Milliarden Mark ausgeworfen, die bis 1988 auf über elf Milliarden steigen sollen.[30] Soviel kostet es den Fiskus, daß Bürger mit nachweisbarem Nachwuchs nicht mehr ihr gesamtes, sondern nur noch ein fiktiv gekürztes Einkommen der Steuer unterwerfen müssen.

Damit wird der größte Teil jener «Reform» genannten Steuerrechtsänderung, mit der die Bundesregierung «leistungsfördernd» wirken wollte – wie es im Text zu dem Gesetzentwurf hieß –, für solche Tätigkeiten ausgeboten, die gemeinhin nicht, zumindest nicht im wirtschaftlichen Sinne als Leistung angesehen werden.

Dabei ist noch hinzuzufügen: Steuervergünstigungen, ob für Familien, Werften oder Rassepferdezucht sind keine echte Steuersenkung: Sie sind vielmehr verdeckte, dabei noch ungerechte, weil – bei gleichem Tatbestand – mit wachsendem Einkommen sogar überproportional steigende Subventionen. Bei den präzisen Angelsachsen zählen Steuervergünstigungen übrigens nicht als Einnahmeverzicht des Staats, Erhöhungen derselben folglich als Steuersenkung; Steuervergünstigungen zählen dort vielmehr als «tax expenditure» (Steuerausgaben), mithin als Teil der stets zu hohen Staatsausgaben.

Zu den sehr teuren Steuervergünstigungen kommt noch ein neues Kindergeld für junge Arbeitslose und ein sogenannter Kindergeldzuschlag für «Kleinverdiener» (so der Text des offiziellen Bulletins) hinzu, was beides zusammen nach amtlicher Schätzung weitere 750 Millionen Mark jährlich kostet.

Und: sogenannte Baukindergelder, die bislang nur für zweite und weitere Sprößlinge gewährt werden, von 1987 an auch für das erste Kind von Eigenheimern (geschätzter Aufwand: 190 Millionen im Jahr 1988, später mehr).

Und: eine Staatsstiftung namens «Mutter und Kind», die Abtreibungen verhindern soll (Aufwand: 50 Millionen jährlich).

Und: «Erziehungsgelder» für junge sowie «Erziehungszeiten» für ältere Mütter oder Väter als Steigerungsfaktor bei der Rente; das eine – die Erziehungsgelder für frischgebackene Eltern – wird von 1989 an rund drei Milliarden Mark im Jahr kosten. Das andere – die Anrechnung von Erziehungszeiten bei der Rente altgewordener Eltern – wird nach den Bonner Rechenkünsten Mehrausgaben von maximal 2,7 Milliarden Mark im Jahr und das auch erst weit in der Zukunft fordern;[31] nach der solideren Kalkulation, die der Verband Deutscher Rentenversicherungsträger vorlegte, muß freilich schon in absehbarer Zeit, gegen Mitte der neunziger Jahre, mit größeren Summen und später mit bis zu viermal so hohen Lasten gerechnet werden.[32]

Was die Regierung als Lohn für Fruchtbarkeit zusätzlich auszuwerfen beschlossen hat, steigt mithin bis Ende der achtziger Dekade auf einen Gesamtbetrag von rund 15 Milliarden Mark im Jahr – Geld, das damit nicht mehr zur Verfügung steht für andere Zwecke, etwa für eine echte Steuersenkung, die den Titel «Reform» verdiente und helfen könnte, die Arbeitslosigkeit einzudämmen.

Daß das viele Geld zur Förderung der Fruchtbarkeit auch wirklich (Leibes-)Früchte tragen werde, ist zudem nicht mehr als eine vage Hoffnung. Aussagen wie jene,

Kölner Stadt-Anzeiger, Hanel

Wie wär's mit einem Aufschwung, Meister Adebar

daß das «Umschalten des Staates zugunsten der Familie» auf längere Sicht «eine positive Signalwirkung auf die Geburtenhäufigkeit haben könnte» (der Parlamentarische Staatssekretär im Bundesfinanzministerium Hansjörg Häfele)[33], sind kaum schlüssig zu begründen – jedenfalls nicht mit Erfahrungen an anderem Orte oder zu anderer Zeit.

Nicht, daß ein Mangel an Erfahrung und Exempeln herrschte. Viele Staaten der Geschichte und der Gegenwart versuchten auf ähnliche oder auch auf andere Art, Geburtenlenkung zu betreiben. Doch richtige Erfolgsgeschichten, also Fälle, in denen die jeweils erwünschte Umkehr des Gebärverhaltens eintrat und das auch eindeutig auf die staatliche Ermunterung zurückzuführen war, gibt es darunter nicht.

2

Die Lehren der Geschichte

Was bewirkt Bevölkerungspolitik?

Legt man die Hand jetzt auf die Gummiwaren?
Erinnre, Claire, dich an deine Pflicht!
Das geht nicht so wie in den letzten Jahren:
Du bist steril, und du vermehrst dich nicht!

Wohlauf! Wohlan! Zu Deutschlands Ruhm und Ehren!
Vorbei ist nun der Liebe grüner Mai –
da hilft nun nichts: du mußt etwas gebären,
einmal, vielleicht auch zweimal oder drei!...

Ins Bett! Hier hast du deine Wickelbinden!
Schenk mir den Leo nebst der Annmarei!
Und zählt man nach, wird man voll Freude finden
sechzig Millionen, und von uns
die zwei!

Kurt Tucholsky

Aufforderungen dieser Art, nicht in Reimen, sondern in trockener Bürokratensprache haben eine lange Tradition; versehen waren sie meist auch noch mit Steuerdrohung oder Subventionsverheißung: das eine für die Unfruchtbaren, das andere für die Vermehrungswilligen.

Herrscher, die – umgetrieben von der Furcht, ihr Volks sei nicht fertil genug – fiskalisch Fortpflanzung zu fördern pflegten, finden sich dabei schon an der Zeitwende, im alten Rom.

Schon Augustus (63 vor Christus bis 14 nach Christus), mehrfach Konsul, später Kaiser des Römischen

Reiches, versuchte mit Steuerstrafen für Junggesellen und kinderlos Verehelichte sowie mit Begünstigungen für jene, die sich fruchtbar zeigten, den Bestand an eingeborenen Bürgern zu vermehren. Seine «Lex Julia et Papia Poppaea» von anno neun nach Christi Geburt enthielt im Ansatz schon das Arsenal, das spätere Regenten nutzten, um den Gebärfleiß anzustacheln. Erfolg jedoch wird ihm von den Historikern nicht nachgerufen.[1]

Nicht sehr gewiß ist der Effekt, den die allerersten amtlichen Bevölkerungsmehrer im neuzeitlichen Europa hatten. «Peuplierungspolitik», wie es seiner Zeit zumindest in deutschen Landen hieß, kam auf dem Kontinent im 17. und 18. Jahrhundert stark in Mode.

Jean-Baptiste Colbert, Finanzminister im Frankreich des Sonnenkönigs, ließ schon von 1666 an durch ein (erst in der Französischen Revolution wieder abgeschafftes) Edikt die jungen Männer, die vor ihrem 20. Lebensjahr geheiratet hatten, von Steuern und Frondienst befreien, hartnäckige Junggesellen dagegen mit Extra-Abgaben belegen.

Denn damals gehörte die Lehre, daß «die Größe der Könige sich bemißt an der Zahl ihrer Untertanen» (so Colberts Zeitgenosse Sébastien Maréchal de Vauban) fast zur offiziellen Staatsreligion.[2]

Viele zusätzliche Untertanen kann der Lohn für frühe Heirat und die Strafe für Ehescheu, die immer – wenn auch gewiß nicht in jedem Fall zu Recht – als Fortpflanzungsverweigerung gedeutet wurde, jedoch nicht eingetragen haben. Frankreichs Bevölkerung wuchs nach der Schätzung von Historikern zwischen Mitte des 17. und Ende des 18. Jahrhunderts nur um 35 Prozent – von rund 20 auf gut 27 Millionen.[3]

In England (inklusive Wales), wo damals bevölkerungspolitisch nichts geschah, mit Ausnahme einer Extra-Abgabe für Junggesellen, die lediglich für eine kurze Frist eingeführt wurde (im Jahre 1695), und dies auch nur, um mit geringstem Steuer-Widerstand die Kosten für einen Krieg mit Frankreich beizutreiben, stieg die Bevölkerung im gleichen Zeitraum weitaus schneller: von rund fünfeinhalb Millionen auf über neun Millionen, mithin um fast 70 Prozent.[4]

Manche anderen Staaten, die – getreu der damals populären Forderung – «zeitiges und öffteres Heyrathen» sowie eine «copieuse Kindererzielung» durch allerlei «Douceurs anzufrischen» suchten (so ein zeitgenössischer deutscher Schriftsteller namens Th. L. Lau)[5], konnten zwar im Gegensatz zu Frankreich eine starke Volkszunahme verbuchen. Das gilt beispielsweise für Preußen, wo Friedrich II. als Herrscher über ein ihm zu leer erscheinendes Land die Frühehen fördern ließ und die bis dahin übliche Strafbarkeit unehelicher Geburten aufhob.

Aber die außergewöhnlich rasche Zunahme der Bevölkerung in Preußen, vor allem im Landesteil Neumark, dessen Einwohnerzahl noch während der Lebenszeit von Friedrich (1712 bis 1786) um fast 50 Prozent anstieg, wird fast ausschließlich der «planmäßigen Herbeiziehung von Wanderungen» zugeschrieben (so etwa vom Bevölkerungs- und Sozialwissenschaftler Gerhard Mackenroth).[6]

Noch weitaus weniger ermunternd für die Bevölkerungspolitiker von hier und heute sind all die jüngeren (und daher gut belegten) Beispiele aus diesen und auch anderen Landen. Da ist als erstes die sogenannte politique nataliste im Frankreich der Dritten Republik (4. September 1870 bis 10. Juli 1940). Da die Geburtenrate in Frankreich anders als in seinen Nachbarstaaten schon von dem ersten Drittel des 19. Jahrhunderts an stark zurückgegangen (siehe Grafik Seite 30) und die «Grande Nation», wie die Franzosen gern genannt werden, längst nicht mehr wie einst auch zahlenmäßig die größte in Europa war, entstanden dort schon um 1890 herum Bewegungen «contre la dépopulation» – gegen die Entvölkerung.[7]

Bereits von 1913 an zahlte der französische Staat Kindergeld zwecks Steigerung des Kindersegens zunächst nur an «bedürftige» Familien mit mindestens vier Sprößlingen, wenig später auch an andere.[8] Doch die Geburten sanken – trotz steter Ausweitung der Familienpolitik, trotz verschärfter Abort-Bestrafung, trotz Unterdrükkung aller Reklame für Verhütungsmittel oder -techniken, die früherer Gewohnheit entgegen eingeführt wurden – auch in der Zwischenkriegszeit unvermindert weiter.

In den späten dreißiger Jahren kamen auf 1000 Französinnen im gebärfähigen Alter nur 860 überlebensfähige Töchter – noch rund zehn Prozent weniger als in der ersten Dekade des 20. Jahrhunderts.[9]

Anlaß, zählbare Zuchterfolge zu erwarten, bieten den bundesdeutschen Familienförderern von heute noch nicht einmal jene Bevölkerungspolitiker gleicher oder anderer Nationalität, die heute oder gestern scheinbar Fertilitäts-Effekte hinterließen.

Die Bevölkerungspolitik des deutschen Führers unseligsten Gedenkens beispielsweise hat – dem überkommenen, auch im Ausland gern gepflegten Vorurteil entgegen – seine Volksgenossen nicht besonders zur Vermehrung stimuliert. Die Fruchtbarkeit der Deutschen stieg zwar prompt von 1934 an – und damit schon im zweiten Jahr nach Adolf Hitlers Machtübernahme.

Doch wuchs sie nur verglichen mit den Geburtenziffern während der Weltwirtschaftskrise (1929 bis 1932), die überall in den Industriestaaten der westlichen Hemisphäre die Fruchtbarkeitsraten plötzlich und steil nach unten gedrückt hatte.

Als die größte Wirtschaftskatastrophe, die es je gab, vorbei war, stiegen die Geburtenziffern auch wieder überall, allerdings nicht so stark, daß der Stand der frühen zwanziger Jahre wieder erreicht wurde – auch nicht in Nazi-Deutschland.[10]

Die gezielte Zuchtpolitik und -propaganda der Nazipartei regte die Reproduktion der Reichsdeutschen nicht so rapide an, daß Rekorde zu registrieren gewesen wären. Noch in den letzten Jahren vor dem Zweiten Weltkrieg lag die Fruchtbarkeit um acht Prozent unter dem Stand von 1925: und das trotz der vielen materiellen Anreize, trotz der Vergabe von Ehestandsdarlehen (1000 Reichsmark) schon von Mitte 1933 an, die in Form von Kindern (Wert jeweils 250 Reichsmark, das Doppelte der durchschnittlichen Nettolohn- und Gehaltssumme je Monat von 1936) zurückgezahlt, also – wie es damals hieß – «abgekindert» werden konnten, trotz blecherner Mutterkreuze für Mehrfachmütter, trotz Kindergeld und hoher Steuervergünstigungen (400 Reichsmark Freibetrag im Jahr), die schon 1934 eingeführt worden waren.[11]

Auch die Erfolgsgeschichten über amtlich angereizte Baby-Produktionen im Frankreich der Nachkriegszeit und – als jüngstes scheinbar effizientes Beispiel – die Meldung stolzer Soll-Erfüllungsziffern von den Volksvermehrern aus der DDR sind bei genauer Nachsicht nicht überzeugend. Beides widerlegt zumindest nicht die Hypothese, die bei Bevölkerungwissenschaftlern gängig ist.

«Materielle Beihilfen» für das Kinderkriegen, so hatten Roderich von Ungern-Sternberg und Hermann Schubnell, zwei angesehene Vertreter dieser Zunft, schon 1950 geschrieben, «haben in der Regel die Eigenschaft, nicht nachhaltig wirksam zu sein». Und: «In den ersten ein bis zwei Jahren können sie tatsächlich die

Geburtenhäufigkeit anregen, büßen dann aber diese Wirkung allmählich ein.»[12] Noch nüchterner formuliert es heute ihr Kollege Karl Schwarz: Familienpolitische Hilfen bewirkten bei der Fruchtbarkeit meist nur «Mitnahme-», bestenfalls «Vorholeffekte«.[13]

Daß Frankreich, das nach dem zweiten großen Krieg mehr Geld als je und auch als sonst ein Land für Anreize zur Niederkunft auswarf, zunächst tatsächlich steigende Geburtenziffern registrieren konnte, mag solch ein Mitnahmeeffekt gewesen sein. Denn nach dem Krieg kam Kindersegen über den gesamten Erdball nieder.

Die französische Fruchtbarkeitskurve, für deren Hebung Frankreichs Fiskus zeitweilig bis zu 30 Prozent

Stern, Markus

«Geben Sie es doch auf, Herr Geißler – im Alleingang werden Sie die Geburtenrate in der Bundesrepublik nicht erhöhen!»

seines Sozialetats ausgab[14], verlief trotz dieser außergewöhnlich hohen Subventionen bislang nicht anders als die anderer industrialisierter Länder. Frankreich nahm teil an jenem Baby-Boom, der nach dem Krieg zunächst bei den westlichen Siegern, dann – mit leichter Verzögerung – auch bei den Verlierern einsetzte; es erreichte aber längst nicht solche Rekorde bei der Reproduktion wie die Vereinigten Staaten von Amerika, wo damals keinerlei Kinderprämien oder Familienhilfen ausgesetzt worden waren.

Und die bombastisch hohen Baby-Prämien aus Paris brachten die Nation auch jenem Ziel nicht näher, das sie eigentlich erreichen helfen sollten: dem Ziel, ein «100-Millionen-Volk der Franzosen» heranzuziehen, das Michel Debré, seinerzeit Premier unter Präsident de Gaulle, in den fünfziger Jahren formulierte. Aus den damals 45 Millionen wurden bislang nur 55 Millionen Franzosen, und bald ist Rückgang angesagt. Frankreich nämlich nahm auch teil am Niedergang der westlichen Fruchtbarkeit, der im Verlauf der sechziger Jahre einsetzte und in den Siebzigern sturzartig verlief (siehe Grafik Seite 17).

Dabei waren die französischen Gebär- und Kinderprämien nicht etwa zwischenzeitlich gekürzt, sondern immer weiter aufgestockt worden: Familiensplitting bei der Steuer, das schon bei einem Kind die Steuerprogression so weit herabdrückt, als wären nur zwei Fünftel vom Einkommen eines alleinverdienenden Familienvaters dem Fiskus unterworfen, und Beihilfen in bar erhöhten etwa 1977, sofern der glückliche Vater ein Durchschnittsverdiener war, das laufende Nettoeinkommen für diese nur dreiköpfige Kleinfamilie um nahezu 20 Prozent. [15]

Dabei sind Einmal-Zahlungen wie vor- und nachgeburtliche Prämien oder die von den Nazis übernommenen abkinderbaren Ehestandsdarlehen noch nicht gerechnet. Inzwischen beläuft sich der Gewinn, der durch ein zusätzliches Kind maximal erzielt werden kann, auf rund 29 000 Franc im Jahr[16] (= 40 Prozent des durchschnittlichen Industriearbeiterverdienstes). Die französische Reproduktionsrate lag 1984 dennoch um fast 14 Prozent unter der Marke, die den Volksbestand auf Dauer sichert.[17]

Was schließlich die Erfolge der Volks- und Arbeitskräfteplaner der DDR betrifft, so ist nur eines sehr verwunderlich: wieviel an materiellem Anreiz sie aufboten, wie stark sie an den Egoismus appellierten – und das zwecks Schaffung zusätzlicher Sozialisten, mithin zwecks Kreation nie ich-, nur stets aufs Kollektiv bezogener, also «neuer Menschen». Der Katalog der Fruchtbarkeitsanreize, den die Sozialistische Einheitspartei in ihrem Arbeiter-und-Bauern-Staat zwischen 1972 und 1977 einführte, ist wirklich imponierend umfangreich.[18]

Bonns Politiker entdeckten unerfüllte Kinderwünsche

Vieles darunter klingt Bundesdeutschen sehr vertraut, weil es die Bonner Regierung unterdes kopierte. Anderes ist bekannt aus älterer deutscher Zeit. Da wurde etwa eingeführt,

- ▷ daß Müttern bei der Berechnung der Rente ein Extra-Beitragsjahr für das dritte und jedes weitere Kind angerechnet wird und daß sie bei fünf Kindern selbst dann ein Altesruhegeld erhalten, wenn sie nie selber Beitragsmarken geklebt hatten (hier in der Bundesrepublik gilt Ähnliches von 1986 an);
- ▷ daß erwerbstätige Mütter nach der Geburt des zweiten Kindes – seit Mai 1986 bereits nach der Geburt des ersten Kindes – ein Jahr pausieren, derweil ein Zubrot in Höhe des sonst üblichen Krankengelds (mindestens

jedoch 300 Ost-Mark im Monat) erhalten und hinterher auf ihren freigehaltenen Arbeitsplatz zurückkehren können (kopiert von Bonn mit Änderungen schon Mitte 1979, demnächst soll ein ganzes, statt wie bislang ein halbes bezahltes Erziehungsjahr mit Arbeitsplatz-Garantie für alle Mütter schon beim ersten und für alle folgenden Kinder gelten).

Daneben gibt es seit 1972 eine einmalige Gebärprämie von 1000 Ost-Mark, eine Extra-Wochenarbeitszeitverkürzung und sechs Tage Zusatzurlaub für Mehrfachmütter und – wie einst im Dritten Reich – zinslose Ehestandsdarlehen (5000 Ost-Mark), die abgekindert werden können (Wert des ersten Kindes: 1000, des zweiten: 1500, des dritten Kindes: 2500 Ost-Mark; zum Vergleich: das durchschnittliche Arbeitseinkommen 1983: 1097 Ost-Mark im Monat).[19]

Für eine kurze Frist erzielten die Geburtenförderer der SED tatsächlich hiermit und mit bevorzugter Vergabe des Gutes, an dem es in ihrer Mangelwirtschaft am allermeisten fehlt, nämlich mit Wohnungen für fruchtbare Familien, einige Erfolge. Die Deutschen rechts der Elbe legten ein paar Takte beim Bemühen um Vermehrung zu.

Die Reproduktionsrate im SED-Staat, die bis 1975 so gefallen war, daß von 1000 DDR-Bewohnerinnen im gebärfähigen Alter nur noch 730 überlebensfähige Töchter zu erwarten waren, stieg bis 1980 wieder kräftig an: auf 927 Töchter je 1000 Frauen.[20] Seither jedoch sinkt sie wieder (siehe Grafik Seite 17).

Ohnehin war in den späten siebziger Jahren nur die Zahl der Erst- und Zweitkinder auf einen Pegel angestiegen, wie er in Zeiten hoher Fruchtbarkeit einst üblich war. Dritte, gar vierte oder fünfte Kinder dagegen gab es – trotz höherer Anreize für solche – wenig.

Nur durchschnittlich zehn Prozent aller zwischen

Aufbruch ins neue Jahrtausend Wolter

Ende 1975 und Ende 1980 neugeborener DDR-Insassen waren «Kinder höherer Ordnungszahlen», wie die Bevölkerungswissenschaftler die Babys nennen, die sich Paare über das normale Maß (von heute zwei) hinaus bescheren. In der ersten Hälfte der sechziger Jahre hatte der Anteil der Kinder höherer Ordnung an den gesamten Geburtenzahlen der DDR noch durchschnittlich 32 Prozent betragen.[21]

Dies und das Faktum, daß mittlerweile auch die Zahl der Erst- und Zweitkinder von DDR-Familien wieder sank, spricht für einen bloßen Vorholeffekt. Es spricht für die bei westlichen Experten verbreitete Vermutung, daß junge Ehepaare in der DDR, um die Vergünstigungen schnell zu erhalten, nur ihr jeweils erstes und manchmal auch ihr zweites Kind ein paar Jahre früher ansetzten, als sie es sonst bekommen hätten. Partei und Staat der DDR erzielten mithin als Folge der Familienförderung wahrscheinlich nur «ein zeitliches Vorziehen von Geburten . . . ohne daß die durchschnittliche Kinderzahl in den Ehen über das gesamte Leben gesehen wesentlich höher liegt» (so die Bonner Arbeitsgruppe Bevölkerungsfragen).[22]

Trotz der zweifelhaften Resultate, die Kinder- und Geburtenprämien in Ost wie West, in der Vergangenheit wie in der Gegenwart, erbrachten, bleiben Bonns Politiker ganz fest im Glauben, daß ihre Art der Förderung von Fruchtbarkeit die Bürger dauerhaft zum Kinderkriegen animieren könnte. Denn da gibt es einen großen Unterschied – zumindest propagiert dies oft und gerne die größte der regierenden Parteien, die CDU, in diesem Fall sogar gemeinsam mit ihrer sonst stets streng auf Eigenständigkeit bedachten Schwester, der CSU aus Bayern.

In dem «Bericht der Kommission Familienlastenausgleich der CDU/CSU-Bundestagsfraktion» heißt es etwa, die Regierung wolle und solle gar nicht die freilich – siehe oben – auch vergeblichen Versuche unternehmen, Ehepaare mit Geldgeschenken zu Kindern zu verleiten, «die sie sich ansonsten versagen würden». Denn: «Eine derartige nur zur Erhöhung der Bevölkerungszahlen ergriffene Politik würde . . . dem Menschen- und Familienbild der Union widersprechen.»[23]

Doch gleich anschließend teilt die Kommisson dann mit, sie gehe davon aus, «daß die familenpolitischen Maßnahmen auch bevölkerungsrelevante Auswirkungen haben werden.»[24]

Den Widerspruch, daß sie – wenn auch nur sozusagen absichtslos – erreichen möchten, was sie doch andererseits als Ziel ableugnen, erklären Bonns Politiker mit einer sehr aparten Theorie: mit der Behauptung, es gäbe viele «nicht erfüllte Kinderwünsche»: Traumbabys, die nun mit monetärem Amtseingriff in die reale Welt befördert würden.

3

Planzahl und Wirklichkeit

Gibt es unerfüllte Kinderwünsche?

Die Geburtenzahl
Ging herunter,
Traf den Pfarrer im Tal
Nachts noch munter.

Heidel da diedel dum
Wie war das schön im Tal!
Aufwärts steigt wiederum
Bald die Geburtenzahl.

Und dann lächelt alles froh
Im statistischen Büro.

Joachim Ringelnatz

Ob die Regierenden die Bürger zur Steigerung der Freude im Volkszähl-Büro aufrufen und auch tätig animieren dürfen, war hierzulande früher sehr umstritten. Die Einführung von Kindergeldern, die sofort nachdem die Bundesrepublik ihre staatliche Selbständigkeit erlangt hatte, von den christlichen Parteien und von der SPD betrieben worden war, sowie der weitere Ausbau solcher und anderer Prämien für die Fruchtbarkeit – das stieß zunächst auf wortmächtige Proteste.

«Kaum eine Gesetzgebung ... auf sozialpolitischem Gebiet» sei «so leidenschaftlich umkämpft worden wie die über das Kindergeld», so schrieb im nachhinein die Sozialenquête-Kommission, die im Auftrag der Bundesregierung Mitte der sechziger Jahre Umfang und Berechtigung aller staatlichen Transferleistungen untersucht hatte; die Kommission sprach gar von «Widerstand».[1]

Der Widerstand formierte sich vor allem außerhalb des Parlaments, streute aber in den Bundestag hinein, der dann auch fast fünf Jahre brauchte, bis den ersten (schon aus dem Jahre 1950 stammenden) Kindergeld-Entwürfen ein Gesetz gefolgt war.[2] Insbesondere liberale Ökonomen, die allesamt Familienhilfe bei nachgewiesener Bedürftigkeit für selbstverständlich hielten, stritten heftig wider allgemeine Subventionen für das Kinderkriegen, weil sie ihrer Meinung nach «auf einer völlig perversen Anschauung» beruhten (so etwa der Gesellschaftswissenschaftler und angesehene Propagandist der «Sozialen Marktwirtschaft» Alexander Rüstow[3]).

Als pervers und unmoralisch galt seinerzeit vor allem, daß die Forderung nach Kinderprämien so begründet worden war: Wer sich vermehre, erbringe «eine echte ökonomische Leistung für die Gemeinschaft» (Heinz Simon, in den fünfziger Jahren Ministerialdirektor im Familienministerium), stelle für Staat und Wirtschaft «Produktivkräfte» her – von potentiellen Rentenzahlern war noch nicht so viel die Rede, da die Rentenfinanzierung auf anderen Regeln ruhte und noch nicht so teuer war wie heute.[4]

Kindergelder seien mithin nur eine Art von «Investitionskredit zur Finanzierung der vorrangigen Investition Mensch» (so der Kölner Sozialwissenschaftler Wilfrid Schreiber, damals Beirat des Familienministeriums[5]).

Daß die «unschuldige Kinderzeit bereits als Investition aufgefaßt wird» und damit genauso, «wie die Marxisten sagen, als Reproduktion von Arbeitskraft» (der Kölner Ökonom Hans Willgeroth[6]), das schien den Zeitgenossen so gar nicht zu Ludwig Erhards Marktwirtschaft zu passen.

Unterdes sind Kindergelder, die es damals nur für das jeweils dritte Kind geben sollte und auch gab (erst 25, später 40 Mark im Monat), längst für alle Sprößlinge zum unumstrittenen Gewohnheitsrecht geworden. Derzeit gibt es 50 Mark für erste, mindestens 70 Mark für zweite und mindestens 140 Mark im Monat für alle weiteren Kinder, bei kleineren Einkommen jedoch noch mehr.[7]

Daneben zählt ein teurer Wust an Kinder- und Familienhilfsprogrammen, aufgehäuft im Laufe der Jahrzehnte, zum mittlerweile unberührbaren Besitzstand. Denn sorgsam mit öffentlichen Geldern, rational und konsequent bei Diagnose, Therapie und Ziel, waren und sind Politiker von deutscher wie anderer Nationalität zwar ohnehin auf allen Feldern selten, in der Familienpolitik jedoch sind sie es nie.

Neben dem Ehegattensplitting, das die als besonders kinderträchtig geltende Hausfrauen-Ehe begünstigt, wurden im Laufe der Zeit rund ein Dutzend zusätzliche Anreize fürs Kinderkriegen allein in das Einkommensteuergesetz gebaut. Dazu gibt es in einem «widersprüchlichen Nebeneinander», das «Konzeptionslosigkeit» verrät (Hans-Ludwig Dornbusch vom Institut Finanzen und Steuern), noch mindestens 20 weitere «kindbedingte Familientransfers» nur aufgrund von Bundesgesetzgebung.[8] Außerdem gewähren die Länder wie etwa Rheinland-Pfalz und Baden-Württemberg noch zusätzliche «Babygelder» oder wie Bayern abkinderbare Ehestandsdarlehen (5000 Mark).[9]

«Die Intransparenz» der Familienhilfen, so Dornbusch, erschwert «ihre Quantifizierung und die Beurteilung ihrer verteilungspolitischen Effektivität.»[10] Eines allerdings ist sonnenklar: Die Kinderzahlen sanken, je mehr fürs Kinderkriegen ausgegeben wurde.

Ansonsten aber hat sich in Sachen amtlicher Geburtenförderung seit den frühen Tagen der Bundesrepublik nicht viel geändert. Wie seinerzeit der erste Anlauf wurden auch in den achtziger Jahren weitere Zuschläge zum Familienhilfsprogramm wieder mit der Behauptung untermauert, daß Bürger, die sich kräftig mehren, im harten Dienst des Vaterlandes tätig seien. Genau so jedenfalls begründete der erste Bundesfamilienminister der Ende 1982 ins Amt gekommenen CDU/CSU/FDP-Koalition Heiner Geißler die dicken Familiensubventionen, die seine Regierung gleich nach Amtsantritt gefordert und bald darauf beschlossen hatte: «Wer Kinder erzieht, leistet damit einen wichtigen Beitrag für die Gemeinschaft und zur Sicherung des Drei-Generationen-Vertrages.»[11]

Wie damals in den Anfängen der Republik gehört es heute zum Komment der christlichen und auch der anderen Parteien Deutschlands, ihre Familienpolitik stets ungefragt von einer früheren, die einen anderen Namen hatte, abzugrenzen, obwohl die unterdes verfemte Vorläuferin mit qualitativ ähnlichen und, der Menge nach, sogar mit kleineren Mitteln betrieben worden war. In jeder Debatte über neuerliche Prämien für das Kinderhaben und das Kinderkriegen fühlen sich die Befürworter derartiger Maßnahmen stets bemüßigt, zu beteuern, das heiße «nicht, wir wollten aus der Familienpolitik eine Bevölkerungspolitik machen» (so etwa der CDU-Abgeordnete Hermann Kroll-Schlüter in der Parlamentsdiskussion von 1985 um erhöhte Kinderfreibeträge[12]).

Derartige «Distanzierungen» hatte der Sozialwissenschaftler Fritz Emil Bünger schon in der Frühzeit der bundesdeutschen Familienpolitik beobachtet und so gedeutet: Sie «betreffen wohl im wesentlichen die nationalsozialistische bevölkerungspolitische Propaganda.»[13] Schließlich hatte bereits der alliierte Kontrollrat das von den Schreckensherrschern ab 1935 für das fünfte, ab 1941 für das dritte Kind bewilligte Kindergeld von zehn Reichsmark je Monat kommentarlos abgeschafft, weil er es für einen «Teil der nationalsozialistischen Rassegesetzgebung und Bevölkerungspolitik» hielt – so jedenfalls interpretierte eine zeitgenössische Studie des Kölner finanzwissenschaftlichen Seminars die Maßnahme der Alliierten.[14]

Der Begriff «Bevölkerungspolitik», den die Nazis nicht erfunden haben, der vielmehr lang vor ihrer Zeit in durchaus ehrenwerten Gesellschaften wie etwa der Dritten Französischen Republik zur offiziellen politischen Nomenklatur gehörte, ist daher seit Kriegsende in Deutschland verpönt. Die damit umschriebenen politischen Absichten allerdings, nämlich «bewußte Einwirkungen auf die quantitative ... Entwicklung der Bevölkerung» (so der Sozialwissenschaftler Wilfrid Schreiber[15]) zu nehmen, wurden und werden noch immer unverkennbar deutlich. Schon Konrad Adenauer hatte, als er 1953 ein seither nie wieder abgeschafftes Familienministerium einrichten ließ, dessen Aufgabe so definiert: «Stärkung der Familie und dadurch des Willens zum Kind.»[16]

Menschen haben in bezug auf ihre Kinderzahl kein festes Ziel

Heute wird die gleiche Absicht weitaus verschämter vorgetragen und – um den Vorwurf, daß ein Rechtsstaat nicht Zucht betreiben dürfe, im Vorweg zu entkräften – auch noch mit einer Theorie verbrämt: Es ist die Theorie der «unrealisierten Kinderwünsche», die vor allem, aber nicht nur bei den in den achtziger Jahren wieder regierenden Unionsparteien in Mode gekommen ist.

Nach dieser bei den zuständigen Wissenschaftlern sehr umstrittenen Lehre[17] wünschen sich die Bürger nach wie vor sehr viele Kinder, jedenfalls so viele, daß die Bevölkerungszahl erhalten werden könnte.

Gestützt wird die Vermutung von der großen Zahl an

eigentlich erwünschten Kindern nur auf ein wenig Demoskopie – auf Umfragen, bei denen speziell junge Bürger darüber um Auskunft gebeten werden, wie viele Kinder sie selbst sich wünschen oder wie viele ihrer Meinung nach «eine durchschnittliche deutsche Familie heutzutage» haben sollte (so etwa die Fragestellung bei einer Umfrage des Instituts für angewandte Sozialwissenschaft im Auftrag der nordrhein-westfälischen Landesregierung 1979).

All diese demoskopischen Untersuchungen während der letzten fünfzehn Jahre ergaben nämlich, daß rund die Hälfte der Befragten, oft auch bedeutend mehr, zwei, eine qualifizierte Minderheit (zwischen gut 20 und gut 30 Prozent) sogar drei und mehr Kinder favorisierten und daß der Anteil derer, die keine Nachkommen für ideal erachteten, immer unter zehn Prozent lag.[18] Unter den Familien, die zwischen 1970 und 1982 neu gegründet wurden, findet sich jedoch kein einziger Eheschließungsjahrgang, in dem der Anteil der Haushalte mit zwei Kindern auch nur 40 Prozent erreicht, und auch keiner, in dem die Kinderlosen nicht stärker vertreten sind als Ehepaare mit drei und mehr Abkömmlingen.[19]

Bei den Bevölkerungswissenschaftlern, die professionell das sogenannte generative Verhalten, seine Auswirkung auf die Bevölkerungszahl vorausschauend berechnen und seine Bestimmungsgründe herauszufinden suchen, gilt eine solche weite Spanne zwischen erfragten Wünschen und der Wirklichkeit als ganz normal.

Denn unter den Experten hat sich in den vergangenen Jahren der sehr naheliegende Verdacht erhärtet, der Deutschlands amtlichen Familien- und Geburtenhelfern noch nie gekommen ist – der Verdacht, daß auch die allertüchtigsten Demoskopen eine sozusagen feste Baby-Planzahl bei den Bürgern überhaupt nicht ermitteln können.

Sie können es schon deshalb nicht, weil kaum ein Bürger im vorhinein die Zahl der von ihm selbst ernsthaft erwünschten Kinder wirklich anzugeben weiß. Der amerikanische Bevölkerungswissenschaftler Norman Ryder jedenfalls hat festgestellt: «Es gibt keinen überzeugenden Beweis dafür, daß die Menschen ... in bezug auf ihre endgültige Kinderzahl ein festes Ziel haben.» Und: «Natürlich haben sie eines Tages diese oder jene Zahl von Kindern. Das ist aber nur das rechnerische Ergebnis von Ad-hoc-Entscheidungen.»[20]

Auf die sehr wackelige Hypothese, daß die erwünschte Kinderzahl, die Demoskopen zu erfragen pflegen, sozusagen die eigentliche, die wahre, die feste Planziffer aller deutschen Paare sei, stocken Bonns Familienförderer noch eine weitere gewagte Theorie auf: die Theorie, daß diese an sich angestrebte Kinder-Planzahl nur mangels barer Mittel nicht erreicht werde, daß die Bürger sich also ihre eigentlichen Babywünsche heute nicht mehr leisten könnten.

So heißt es etwa in dem «Positionspapier», das Heiner Geißler in seiner Eigenschaft als Bundesminister für Jugend, Familie und Gesundheit zu Beginn der zehnten Legislaturperiode vorlegte: Der Geburtenrückgang sei vor allem dadurch mit begründet worden, «daß durch eine Vernachlässigung des Familienlastenausgleichs Kinderreichtum zu einem Kennzeichen *neuer* Armut geworden» sei.[21]

Doch zum einen ist der Familienlastenausgleich in den letzten Jahrzehnten nie zwecks Staatsausgaben-Kürzung ernsthaft beschnitten worden, obwohl dies sicher – wie jede dauerhafte staatliche Beschränkung – für die Gesellschaft ein Gewinn gewesen wäre. Nach einer Untersuchung, die das Internationale Institut für Empirische Sozialökonomie im Auftrag des bundesdeutschen Familienministeriums erstellte, sind die staatlichen Familiensubventionen hierzulande allein zwischen 1974 und 1980 um 56 Prozent gestiegen und damit um einiges stärker als das nominale Bruttosozialprodukt, das im gleichen Zeitraum um knapp 51 Prozent gewachsen war.[22]

Da während derselben Zeitspanne die Zahl der unter 18jährigen Einwohner in Westdeutschland erheblich, nämlich von 16,33 auf 14,37 Millionen, zurückging, ist der staatliche Familienzuschuß (bestehend aus vielerlei Bar- wie Sachleistungen und Steuerverzichten), umgelegt auf die Zahl der Kinder, erheblich mehr als das durchschnittliche Einkommen der Erwerbstätigen gewachsen: nämlich von 1974 bis 1980 um 77 Prozent, während das Volkseinkommen je Erwerbstätigen in der gleichen Periode nur um 48 Prozent zugelegt hatte.[23]

Zum anderen ist eine *neue* Armut infolge von Kinderreichtum nun wirklich nirgendwo in diesem Lande festzustellen. Feststellbar ist nur, daß wirklich alle, wenn auch nicht alle gleichermaßen, um vieles reicher sind, als es vor 100 oder nur vor 20 Jahren bei weitaus höherer Fruchtbarkeit in Deutschland üblich war; und dies auch unbeschadet der im Einzelfall erreichten Nachwuchszahl.

Der durchschnittliche Nettoverdienst eines verheirateten und alleinverdienenden Facharbeiters etwa betrug 1964 auf dem Höhepunkt des damaligen Baby-Booms nur 154 Mark in der Woche, 1984 aber, als die Geburtenrate den bis dahin beobachteten Tiefststand erreichte – auch nach Abzug des zwischenzeitlich eingetretenen Kaufkraft-Verlustes –, das 1,5fache davon.[24] Angesichts der Fakten erschließt sich nüchternen Betrachtern schwerlich, daß «eine Ursache für den Geburtenrückgang in den wirtschaftlichen und sozialen Verhältnissen liegt» – wie Irmgard Karwatzki, Staatssekretärin beim Bundesminister für Jugend, Familie und Gesundheit herausgefunden haben will.[25]

Nach allem, was der Augenschein bislang beweist, drückt nicht etwa die Armut den Kindersegen nieder; vielmehr scheint Reichtum für Kinderproduktionen kontraproduktiv zu sein. Anders jedenfalls ist beispielsweise schwer erklärlich, warum die wirklich Armen dieser Erde, die Armen der Entwicklungsländer nämlich, viele Kinder haben – zu viele, wie zumeist auch jene meinen, die hier, wo selbst der Ärmste im Vergleich dazu sehr reich ist, Geburtenförderung mit Geld betreiben wollen.

Nicht schlüssig auch ist das Verfahren, das Bonns Familienförderer ersannen, um jenen Druck auf den Vermehrungsdrang zu bannen, den sie als Urgrund des Geburtenschwundes ausgemacht zu haben meinen. Selbst wenn tatsächlich eine große Zahl an solchen Familien existierte, bei denen sich im Fall der Fruchtbarkeit «das Einkommensniveau dem Existenzminimum annähert» (wie Geißler aus dem Bericht einer früheren Familienministerin gern zustimmend zitierte[26]) und die sich deshalb fertiler Tätigkeit enthielten – so würde die Familienpolitik des Kabinetts Kohl/Genscher dies nicht wenden.

Denn wirklich deutlich ins Gewicht fallen die seit Anfang 1986 geltenden Staatshilfen fürs Kinderkriegen nur bei einer Einkommensschicht: bei den Verdienstklassen, bei denen die von der Staatsekretärin Karwatzki formulierte Vermutung, sie hätten «kein bedarfsgerechtes Einkommen erreicht» und diesethalben auf Babys verzichtet, nur sehr beschränkt zutreffen dürfte.[27]

Lediglich für jene fruchtbaren Ehepaare oder Alleinstehenden, die ein relativ hohes Jahreseinkommen beziehen, wird nämlich das erreicht, was die Familienpolitiker als Ziel ihrer Reform definierten: Familien mit Kindern nach Abzug der Kinderkosten materiell beinah oder gar völlig auf pari zu bringen mit kinderlosen Ehepaaren der vergleichbaren Einkommensschicht.

Nachwuchsfreudige Bezieher von mittleren oder von Durchschnittseinkommen werden dagegen von der Familienpolitik nicht so außerordentlich gut bedacht.

Denn nicht die Kindergelder, die für alle Eltern oder Elternteile unbeschadet ihres Erwerbseinkommens gleich sein können (und auch gleich sein sollten) wurden kräftig angehoben. Gesteigert wurden vielmehr deutlich die steuerlichen Freibeträge für den Nachwuchs, also jene Summen, die pro Kind vom zu versteuernden Einkommen abgezogen werden können – was bedeutet: Jene Eltern, deren Einkommen so hoch ist, daß es dem marginalen Spitzensteuersatz von derzeit 56 Prozent unterliegt, erhalten die höchste Babyprämie. Es sind dies alle Alleinstehenden mit mindestens 130 000 Mark und alle Ehepaare mit mindestens 260 000 Mark Einkommen im Jahr.

Der seit 1. Januar 1986 geltende neue Steuerfreibetrag in Höhe von 2484 Mark je Kind im Jahr erbringt den Ehepaaren aus dieser Einkommensklasse zusammen mit dem Kindergeld (600 Mark im Jahr) und dem wenig später auch für erste Sprößlinge gezahlten Bau-Kindergeld (600 Mark Steuernachlaß für den, der ein Eigenheim baut und dafür Vergünstigungen des Einkommensteuergesetzes in Anspruch nehmen kann) eine jährliche Babyprämie von 2591 Mark. Nach der amtlichen Verordnung zum Regel-Unterhalt muß für die Versorgung eines Kleinkindes nach bundesüblichen Standards nur mit wenig mehr gerechnet werden – seit Anfang 1985 sind es 2736 Mark im Jahr.[28] Ehepaare mit über 260 000 Mark Jahreseinkommen hätten mithin die Satisfaktion, die ein Kind vermittelt, sozusagen fast umsonst.

Noch mehr begünstigt sind nur die Ledigen – wenn sie denn Mütter werden und mehr als 130 000 Mark im Jahr verdienen. Sie können vom Fiskus für ihr Kind künftig 7371 Mark im Jahr (mit Bau-Kindergeld), bei auswärtiger Unterbringung eines nicht erwachsenen Sprosses sogar 8043 Mark kassieren – mithin fast das Dreifache des Betrages, den Babys bei Normalausstattung kosten.[29] Angesichts des Abscheus, den die Unionsparteien Konkubinaten und anderen nicht eingesegneten Verhältnissen entgegenbringen, ist dieser neue Anreiz für ledige Geburten zumindest sehr apart, vielleicht jedoch auch nur die Folge minderer Rechenkünste bei Bonns Familienförderern.

Ein brav verehelichter Durchschnittsverdiener dagegen, der nach der neuen Regelung fürs erste Baby höchstens 1752 Mark im Jahr an Kindergeld und sogenanntem Kindergeldzuschlag (als Ersatz für die von ihm nicht nutzbaren Steuerfreibeträge)[30] erhält, muß noch fast 40 Prozent der Kosten, die seinen Vaterfreuden gegenüberstehen, selber tragen.

Die bevorzugte Verteilung der Geburten-Anreizprämien an höhere Schichten hat, neben anderen, einen bösen Haken: Sie muß sogar nach jener Theorie, auf der die offizielle Familienpolitik beruht, das eigentliche Ziel derselben unerreichbar machen. Denn wirklich viel mehr Volk bringt nur die Fruchtbarkeit der Masse, die nun für ihre Kinder nicht soviel an Geld erhält. Nach der in Bonn gepflegten Lehre, daß potentielle Eltern nur der Kosten wegen keine Kinder haben, sie aber bei Erstattung dieser Kosten kriegen, wäre mithin nur ein Babyboom bei Besserverdienern zu erwarten.

Wahrscheinlicher jedoch ist, daß sich gar nichts regt. Auf höhere Fruchtbarkeit durch Subventionen wäre nämlich nur zu hoffen, wenn sich die Bürger, was die Menge ihrer Kinder anbetrifft, verhielten wie beim Kauf von Autos, Segelbooten, Videogeräten, nämlich ökonomisch rechenhaft.

4
Ökonomie der Fruchtbarkeit

Kinder als Konsum oder als Kapitalanlage?

Alles ist vielleicht nicht klar,
nichts vielleicht erklärlich,
und somit, was ist, wird, war,
schlimmstenfalls entbehrlich.

Christian Morgenstern

Zu den noch immer nicht ganz klaren Phänomenen zählt auch, was früher vor allem bei den Generälen, jetzt jedoch hauptsächlich bei Sozialpolitikern als gänzlich unentbehrlich gilt. Was jene Größe steuert, deren Maximierung von den einen einst zwecks Frontdienst für den König als optimal erachtet wurde, von den anderen heute zwecks Frondienst für die Rentenkassen als dringlich angesehen wird, was also die Nachwuchszahlen reguliert, liegt immer noch im Dunkeln – wie sehr die Wissenschaft sich auch bemüht.

Theorien freilich gibt es unterdes sehr viele. Gemein ist ihnen allen die gut zu belegende Vermutung, daß die erwünschte (freilich nicht im vorhinein von Demoskopen ermittelbare) Kinderzahl auf Dauer nicht stark von der tatsächlich realisierten Familiengröße abweicht, daß also – zumindest in den industrialisierten Ländern – im Regelfall nicht die Zahl der Babies eines Haushalts, wohl vielleicht der Zeitpunkt, zu dem sie kommen, dem Zufall überlassen bleibt. Gemein ist ihnen allen auch die Hypothese, die Zahl der Wunschbabies, die sich Elternpaare leisten, sei auch und vor allem ökonomisch determiniert: die Lasten zusätzlicher Kinder würden mithin auf rationale Weise abgewogen gegen den Vorteil, den sie ihren Eltern bringen.

Umstritten ist dabei allerdings von vornherein, welche Art von Vorteil die Bürger von potentiellem Nachwuchs im Regelfall erwarten: Ist es mehr Einkommen in der Zukunft, das von den potentiellen Sprößlingen erhofft wird – sind Kinder mithin eine Art von Kapitalanlage, die nur erwünscht ist, wenn der Barwert der mit Fug zu erwartenden Erträge den Barwert der Kindeskosten übersteigt?

Oder wird den Kindern nur das an Positivem beigemessen, was die Ökonomen «Nutzen» nennen, eine Befriedigung also, die in monetären Größen schwer darzustellen ist, werden sie mithin als Konsumgut betrachtet?

Das erstere wird unterstellt bei manchen deutschen Theoretikern.[1] Die Angelsachsen aber, die mittlerweile auch auf dem Feld der Fruchtbarkeitserforschung führend sind, gehen von der zweiten Hypothese aus. Kinder, so heißt es in jener Analyse, die 1960 schon an der Universität Chicago entwickelt wurde, seien anzusehen wie «dauerhafte Konsumgüter». Und: «Eine Einkommenssteigerung (bei den potentiellen Eltern) und eine Abnahme des Preises (der Kinder) würde die Nachfrage nach Kindern erhöhen.»[2] Das ist die Quintessenz der sogenannten «Ökonomischen Theorie der Fruchtbarkeit» und die besagt, daß die Familiengröße sich genau reguliert wie die Ausstattung der Haushalte mit langlebigen Gebrauchsartikeln.

Zur herrschenden Lehre aber wurde diese Theorie, obwohl die Herrschenden – und nicht alleine die von Bonn – eine krude Abart davon popularisierten, in der seriösen Wissenschaft noch nie. Harvey Leibenstein, angesehener Wirtschaftswissenschaftler der Harvard-Universität, nannte sie beispielsweise «ein interessantes intellektuelles Spiel», das «nicht zu ernst genommen werden sollte«.[3]

Denn würde der Geburtenfleiß tatsächlich exakt so gesteuert wie der Wunsch nach besseren Gebrauchsartikeln, dann müßten die Oberschichten der reichen Länder vermehrungsfreudiger als andere sein. Genauso wie die oberen Klassen sich mehr an teuren Konsumgütern als untere Schichten kaufen, müßten sie auch größere Kinderzahlen als die Ärmeren haben.

Dem aber ist nicht so, und zwar seit Jahren. Faktisch setzte schon der Rückgang der Fruchtbarkeit in Europa während des vergangenen Jahrhunderts «zuerst in der gebildeten Mittelschicht ein», wie die Weltbank herausfand.[4] Und auch in diesem Jahrhundert waren die oberen Klassen stets und überall Vorreiter des Geburtenschwunds gewesen.

In den USA zum Beispiel gebaren 1000 Frauen aus Familien mit dem höchsten erfaßten Haushaltseinkommen (35 000 Dollar im Jahr und mehr) 1984 nur noch 46 Kinder. Auf 1000 Frauen aus der untersten Einkommensschicht (Haushaltseinkommen unter 10 000 Dollar im Jahr) kamen dagegen 88,5 Geburten.[5]

Auch in der Bundesrepublik begann die Beschränkung der Geburtenzahlen in den besseren Kreisen. Die anderen folgen freilich nach (siehe Grafik Seite 60). Unter den Paaren, die zwischen 1951 und 1960 zum Standesamt gegangen waren, hatten bis 1971 nur zwei Gruppen relativ viele Kinder: die Landwirte mit 278 Sprößlingen je 100 Ehen und die ungelernten Arbeiter mit 235 Abkömmlingen je 100 Familien (Arbeiter insgesamt: 220 Kinder je 100 Haushalte).

Die Selbständigen dagegen, deren durchschnittliches Haushaltseinkommen das der Arbeiter um ein Vielfaches übersteigt, hatten relativ wenig Nachwuchs aufzuweisen: 204 Kinder je 100 Ehen; selbst die Unternehmer mit mehr als zehn Mitarbeitern lagen mit 217 Abkömmlingen noch weit unter der Fruchtbarkeit von ungelernten Arbeitern. Und auch die Manager aus den Eheschließungsjahrgängen der fünfziger Jahre kamen nur auf 204 Kinder je 100 Familien.[6]

Dafür, daß obere Schichten, die sich doch eigentlich mehr Kinder leisten könnten, den Rückgang der Geburten allenthalben eingeläutet haben, bieten die Vertreter der ökonomischen Theorie der Fruchtbarkeit eine eigenartige Erklärung. Die Bourgeoisie beschränkte danach ihren Nachwuchs, weil sie verstärkt nur «Kinder höherer Qualität» (so der Chicagoer Fruchtbarkeitstheoretiker Gary Becker) – gemeint ist, solche mit besserer Bildung – zu besitzen wünschte. Und weil die Kosten solcher Sprößlinge mit sozusagen «Gütesiegel» angeblich stärker als die Verdienste ihrer potentiellen Eltern stiegen.[7]

Zwar nimmt tatsächlich allenthalben der Wunsch, der Nachwuchs möge länger lernen, auffallend zu. Doch die damit verbundenen Erziehungskosten werden in Westdeutschland zu weit größeren Teilen als in angelsächsischen Regionen vor der Gesellschaft aufgebracht; denn anders als in den Vereinigten Staaten und England sind hierzulande alle Ober- und Hochschulen schon seit den frühen sechziger Jahren praktisch gebührenfrei.

Privat getragen werden muß mithin nur noch der längere Unterhalt infolge längerer Lernzeit, jedenfalls wenn das Einkommen der Eltern den Betrag übersteigt, der zum Bezug von Bafög-Stipendien berechtigt. Dazu kommt ein entgangener Gewinn – der Beitrag nämlich, den die Jugendlichen bei früherem Eintritt in das Arbeitsleben zur Haushaltskasse der Eltern hätten leisten können. Solche Zusatzkosten in Gestalt entgangener Beträge sind allerdings «wahrscheinlich viel bedeutender» (Leibenstein) für Unterschichten als für Ober- oder Mittelschichten.[8]

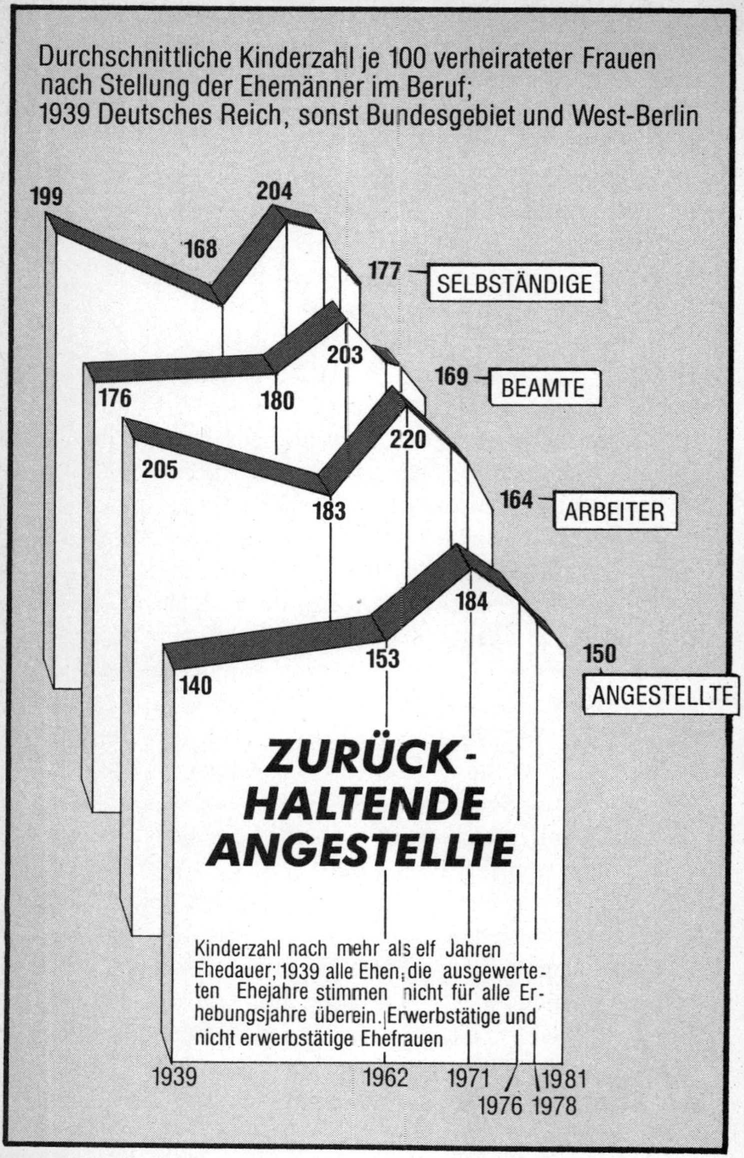

Durchschnittliche Kinderzahl je 100 verheirateter Frauen nach Stellung der Ehemänner im Beruf; 1939 Deutsches Reich, sonst Bundesgebiet und West-Berlin
199
168
204
177
SELBSTÄNDIGE
176
180
203
169
BEAMTE
205
183
220
164
ARBEITER
140
153
184
150
ANGESTELLTE
ZURÜCK-HALTENDE ANGESTELLTE
Kinderzahl nach mehr als elf Jahren Ehedauer; 1939 alle Ehen; die ausgewerteten Ehejahre stimmen nicht für alle Erhebungsjahre überein. Erwerbstätige und nicht erwerbstätige Ehefrauen
1939
1962
1971
1976
1978
1981

Die können auch durch eine Verlängerung des Unterhalts um ein paar (Regel-)Studienjahre nur dann unter starken Kostendruck geraten, wenn ihr unterdes erstrebtes Qualitätskind von Super-Sonderklasse ist, Marke «jeunesse dorée» – vergoldete Jugend, wie die Franzosen verwöhnte junge Bürger nennen, mit Wohnung, Auto, Pferd und Segelboot aus der elterlichen Tasche (was aus den öffentlichen Kassen auf Dauer nicht gefördert werden kann und wohl auch nicht gefördert werden sollte).

Monetäres, wie Verdienst und Kindeskosten, ist es folglich nicht, zumindest aber nicht alleine, was die Geburtenrate in den reichen Ländern abwärts drückte. Doch was es ist, das weiß bislang noch keiner. Gesucht danach wird fieberhaft, um jeden Umstand, der zur geringen Fruchtbarkeit nur beigetragen haben könnte, auch gleich – mit öffentlichem Geld versteht sich – zu bekämpfen.

Da wurde beispielsweise die These aufgestellt, die «Sicherung des Arbeitsplatzes für Erziehende, die zeitweise der Kindererziehung wegen aus dem Erwerbsleben ausscheiden», sei «rechtlich ungenügend geschützt» gewesen (Kommission Familienlastenausgleich der CDU/CSU-Bundestagsfraktion[9]). Und deshalb gibt es seit Anfang 1986 als neuen Anreiz für das Kinderkriegen zunächst eine zehnmonatige, später eine einjährige statt wie bisher nur eine sechsmonatige Arbeitsplatzgarantie für abhängig beschäftigte Frauen, die nach einer Geburt einen staatlich bezahlten Urlaub machen. (Wahlweise dürfen das auch die Väter, was allerdings nur selten vorkommen dürfte[10]).

Die erweiterte Arbeitsplatzgarantie für Frauen, die Mütter werden, wird mit großer Sicherheit zumindest eins bewirken: Die Arbeitsplatzchancen weiblicher Stellungssuchender im gebärfähigen Alter werden noch einmal verringert. Dagegen ist sehr fraglich, ob sich auch sonst noch irgendwas bewegt.

Denn weniger Gebärfleiß zeigten nicht etwa nur die Frauen, die aushäusig Geld verdienen wollen oder müssen. Die Kinderzahl sinkt weitgehend unabhängig von der Art der Tätigkeit, der sich die Ehefrauen widmen. Auch jene, die ausschließlich im eigenen Haushalt beschäftigt sind – 1984 waren das immerhin noch knapp die Hälfte (46 Prozent) aller verheirateten Frauen im Alter zwischen 25 und 50 Jahren[11] –, kamen in den letzten Jahren nicht mehr so oft wie früher nieder.

Aus 100 Hausfrauen-Ehen von Arbeitern der Eheschließungsjahrgänge 1961 bis 1965 waren nach einer Ehedauer von 11 bis 15 Jahren, nach der «nur noch selten weitere Kinder zu erwarten sind» (die Bevölkerungsspezialistin Charlotte Höhn), immerhin noch knapp über 210 Abkömmlinge hervorgegangen. Schon bei den Arbeitern mit Hausfrauen-Ehen aus den Verheiratungsjahrgängen 1966 bis 1970 war das, was die Bevölkerungswissenschaftler den «Ehe-Ertrag» zu nennen belieben, nach gleich langer Ehedauer erheblich geringer: 184 Kinder je 100 Frauen.[12] In anderen Bevölkerungsschichten beobachteten die Statistiker einen ähnlichen Rückgang der Fruchtbarkeit von Hausfrauen-Ehen (siehe Grafik Seite 63).

Und so zerfließt fast alles, was die Politiker als wichtigste Faktoren des sie sehr quälenden Geburtenschwunds ausmachten. Und ausgemacht als schuldig wurde vieles.

Etwa die Wohnsituation, die laut der Unionsparteien, «eine der wichtigsten Rahmenbedingungen» darstellt, «wenn es um die Frage geht, ob sich ein Ehepaar einen Kinderwunsch erfüllen soll«.[13] Denn nachweisbar durch die Statistik ist, daß Familien, die im eigenen Heime leben, mehr Kinder haben als Paare, die zur Miete wohnen: 1977 kamen auf 100 Eigenheimer-Ehen 134, auf 100 Mieter-Ehen aber nur 99 Kinder.[14]

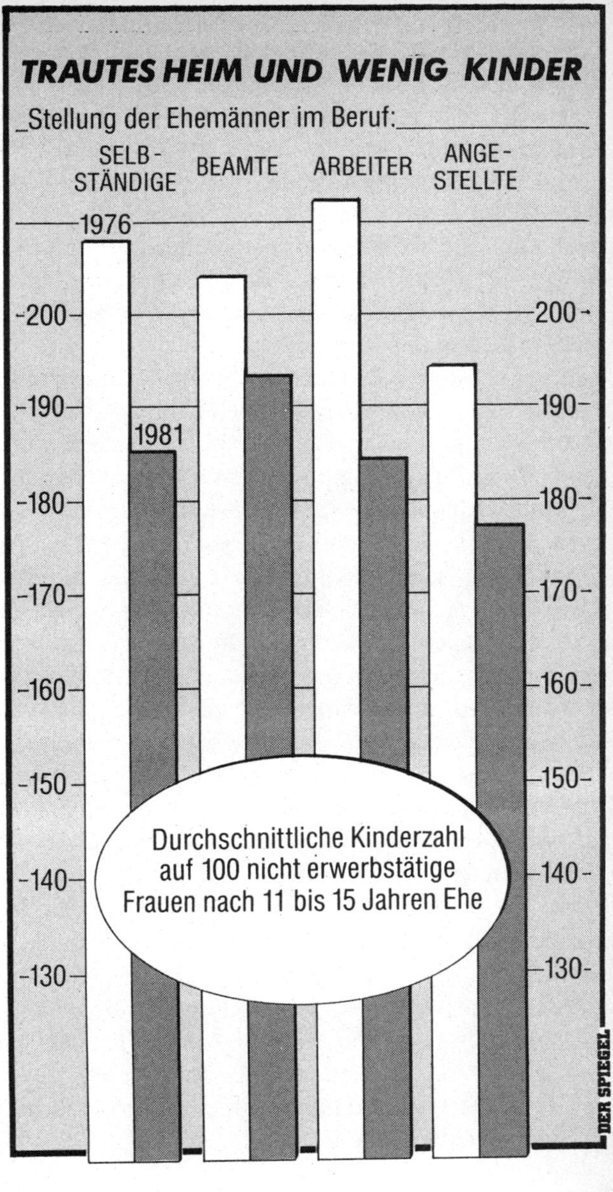
TRAUTES HEIM UND WENIG KINDER
Stellung der Ehemänner im Beruf:
SELB-STÄNDIGE
BEAMTE
ARBEITER
ANGE-STELLTE
1976
1981
200
190
180
170
160
150
140
130
Durchschnittliche Kinderzahl auf 100 nicht erwerbstätige Frauen nach 11 bis 15 Jahren Ehe
DER SPIEGEL

Doch Ernst Wagemann, Pionier unter den Konjunkturforschern und ehemaliger (von den Nazis abgehalfterter) Chef des Statistischen Reichsamts, hatte schon 1942 den auch damals aus ähnlichen Zahlen gezogenen Schluß, daß Hausbesitz fertiler mache, als ein obskures Beispiel in seinen «Narrenspiegel der Statistik» aufgenommen. Denn aus dem relativen Kinderreichtum der Eigenheimer ist wirklich nur sehr schwer zu schließen, Familien hätten *wegen* ihrer Häuser Kinder, statt umgekehrt: «Weil eine Familie viele Kinder hat, erwirbt sie Grund und Boden.» (Wagemann)[15]

Oder: eine Kosten-Nutzen-Rechnung des Kinderkriegens, die anders als früher nur noch ein Minus anzeige, weil der wichtigste «wirtschaftliche Nutzen» der Kinder, die Sicherung der Eltern im Alter, nun «durch die soziale Altersversorgung sozialisiert» werde (so Edmund Stoiber, Vorsitzender der Familienkommission der CSU[16]).

Doch nachweisbar ist nur ein anderer Zusammenhang: «Als der Schulbesuch allgemein üblich wurde» – so die Weltbank-Experten in einer Studie über die Bevölkerungsdynamik im frühindustriellen Europa –, «nahm die Geburtenzahl in allen gesellschaftlichen Schichten ab.»[17] Der Schulzwang nämlich unterband den frühen Beitrag von Kindern zur Haushaltskasse durch Kinderarbeit. Der vor allem aber war es, der früher in Europa wie jetzt noch in Entwicklungsländern Kinder auch wirtschaftlich für ihre Eltern schnell rentabel, zu «einer Art Investition» machte, «die auf kurze Frist bereits Erträge abwirft» (Weltbank)[18].

Alterssicherung dagegen war (und ist) ein ferner, dazu – da Kinder früher als die Eltern sterben oder sich als Rabenbrut erweisen könnten – auch noch ein äußerst ungewisser Ertrag des Kinderkriegens: Wer es konnte, setzte auch schon früher nie auf seine Brut, sorgte vielmehr durch Ersparnis für sein Alter vor.

Vater Staat Deutsches Allgemeines Sonntagsblatt, Wolter

Da sind dann schließlich als besonders Schuldverdächtige auch noch «die» Pille und die liberalisierte Abtreibungsgesetzgebung. Doch auch ihr Beitrag zum Geburtenschwund ist fraglich.

Denn zum einen war es auch schon früher nicht die Regel, daß dem Zufall die Zahl der Kinder eines Haushalts überlassen blieb und daß, was kam, als Schlag des Schicksals hingenommen wurde. Bereits im vorindustriellen Europa und in Japans feudalistischer Zeit lag die Fruchtbarkeit «normalerwiese beträchtlich unter dem biologischen Maximum», was beweist – wie die Weltbank zur Lehre für heutige Entwicklungsländer schreibt –, daß Geburtenkontrolle «auch ohne anspruchsvolle moderne Verfahren» erreichbar sei, «wenn auch nur unter weit größeren Schwierigkeiten«.[19]

Zum anderen scheint speziell die Pille gar nicht so stark im Volk verbreitet zu sein. Das gleiche gilt für jene «Abtreibung auf Krankenschein», die christliche Politiker als eine allgemein gewordene Sünde anzuprangern pflegen. Denn sonst ist kaum erklärlich, was das Statistische Bundesamt beim peinlichen Vergleich von Heiratsdaten und erster Niederkunft herausfand: daß auch 1984 noch fast 28 Prozent aller Erstgeburten auf «vorehelicher Konzeption» beruhten.[20]

Nichts auf dem Feld der Fruchtbarkeitserforschung reifte bislang zu einer guten Theorie heran. Man weiß, mit schuld an jederlei Geburtenrückgang ist meistens Ehemüdigkeit. Und diese wächst in Deutschland. Die Zahl der Eheschließungen ist seit 1960 von 9,4 auf 6 Heiraten je 1000 Einwohner im Jahr 1985 zurückgegangen.

Der Anteil der Ledigen bei jungen Männern und jungen Frauen ist deshalb stark gestiegen. Während 1960 unter den 25- bis 30jährigen Männern nur 37,4 Prozent noch ledig waren, betrug diese Quote 1984 bereits 55 Prozent; bei den Frauen stieg der Ledigenanteil in der gleichen Altersgruppe immerhin auch noch von 21,8 Prozent im Jahr 1960 auf 31,8 Prozent im Jahr 1984.[21]

Nicht amtlich eingetragene Verbindungen, die nun vielleicht mehr eingegangen werden, erweisen sich jedoch noch immer als ziemlich unfruchtbar, zumindest bevölkerungspolitisch. Obwohl außereheliche Sprosse unterdes nicht mehr überall als Makel gelten, sank ihre Zahl von 79 000 im Jahr 1950 bis 1975 auf knapp die Hälfte; seither allerdings stieg sie wieder (1985: 55 070 uneheliche Geburten).[22]

Mit schuld vielleicht ist auch, was die Politiker den «Wertewandel» nennen – ein Phänomen, das bei den Ökonomen weit nüchterner damit erklärt wird, daß Kinder in den einzelnen, vor allem aber in den oberen Schichten offenkundig nicht mehr zu Prestigeobjekten zählen, also zur Zeit nicht «in» sind.[23]

Doch warum sind Deutschlands junge Leute familienmüde, warum sind Kinder «out» und nicht mehr «in»?

Gutachten, die Bundes- wie Landespolitiker bei der Wissenschaft bestellten, erbrachten, außer mancherlei Salat aus Zahlen und Computer-Spielen, nicht viel Aufschluß.

«Von zentraler Bedeutung» – so fand etwa ein Team der Universität Bielefeld im Auftrag der nordrhein-westfälischen Landesregierung und der Alfried-Krupp-Stiftung heraus – sei «die Struktur einer Paarbeziehung» als das «Ergebnis eines wechselseitigen Anpassungsprozesses zwischen den Partnern». Und: «Die sinkenden Geburtenzahlen stehen möglicherweise im Zusammenhang damit, daß Anpassungsprozesse in zunehmendem Maße schwierig werden und nicht immer gelingen.»[24] Nun denn!

Anspruchsvoller sind da immerhin die sogenannten «sozioökonomischen Theorien» des Heiratens und Kinderkriegens, die in den USA entstanden. Danach bewegen sich die Heiratslust wie der Gebärfleiß zyklisch: Auf einen Heirats- und Baby-Boom folgt eine Baisse, dann wieder – ohne Zutun der Regierung – ein starker Anstieg der Eheschließungen und auch der Kinderzahlen; das jedenfalls glaubt der US-Fruchtbarkeitserforscher Richard A. Easterlin entdeckt zu haben. Doch die Indizien, das dies stimmen könnte, sind bislang außerordentlich spärlich.[25]

Da offenkundig niemand die Faktoren, die den Vermehrungsdrang regieren, kennt, ist kaum verständlich, wieso Politiker in Bonn sie dennoch aufgeregt mit dutzenderlei Medizinen anzuregen suchen. Denn das kommt etwa den Versuchen gleich, Krankheiten ohne medizinische Erforschung und ohne Diagnose einfach auf Verdacht, mit willkürlich ausgewählten Pillen zu behandeln.

Und schwer verständlich ist es auch, daß sie dabei noch stets ein Mehr fordern, ja gar «die politisch-geistige Auseinandersetzung um die gesunde Familie» in den «Mittelpunkt des Wahlkampfes» 1986/87 (Helmut Kohl[26]) zu rücken planen, statt anderes, was näher liegt, zu tun: Darüber nachzudenken nämlich, wie genau die Bundesrepublik die Zukunft auch dann meistern könnte, wenn die Geburtenraten weiter niedrig bleiben. Denn das hat einige Wahrscheinlichkeit.

Dabei ist festzuhalten: So rundherum nur schrecklich ist es nicht, wenn die Bevölkerungszahlen etwas oder auch beträchtlich kleiner werden. Dem Land droht damit jedenfalls nicht unausweichlich die Verarmung. Auch mit 45 oder gar nur 33 Millionen Menschen kann Westdeutschland in dem Verein der reichen Länder bleiben.

Zwar ist gewiß auch jetzt noch wahr, was der englische Nationalökonom James Mill (1773 bis 1836) vor mehr als 160 Jahren schrieb: «Es gibt eine gewisse Bevölkerungsdichte, die notwendig ist, sowohl für den gesellschaftlichen Verkehr als auch für jenes Zusammenwirken von Kräften, durch das der Ertrag der Arbeit gesteigert wird.»[27]

Mehr Hirne und mehr Hände ermöglichen meist mehr als nur proportional gesteigertes Sozialprodukt; denn sie ermöglichen auch viel mehr Arbeitsteilung und damit wirtschaftlich, gesellschaftlich und (was sehr leicht vergessen wird) auch kulturell viel mehr als nur verhältnismäßig zu den Kopfeszahlen steigenden Gewinn – zumindest in den Ländern, die der Armut längst entkommen sind.

Doch vielfach geteilte Arbeit – was nicht gleich auch verkürzte Arbeits*zeiten* meint, obwohl die nur durch Arbeitsteilung schadlos bleiben – ist auch in Ländern mit verkleinerter Bevölkerung erreichbar: durch größeren Handel und Ideen-Austausch mit den anderen Nationen. Ein ohnehin nicht riesengroßes Volk, das schrumpft, muß daher weit mehr noch als ein großes dafür einste-

Vorwärts, Pepsch Gottscheber

hen, daß Menschen und Ideen, Güter, Dienste und auch Kapital sich möglichst frei auf dieser Welt bewegen können.

Weitere Chancen bietet jene neue elektronische Technik, die durch Computer und das Telefon mehr und schnellere, dazu auch noch viel billigere Kommunikation ermöglicht, doch hierzulande von der Bundespost blokkiert wird. Denn mehr und billige Verbindungswege machen den Schwund an Volkesdichte wieder wett. «Ein relativ spärlich bevölkertes Land mit entwickelten Kommunikationsmitteln» besitze faktisch, so erkannte schon Karl Marx, «eine dichtere Bevölkerung als ein mehr bevölkertes Land mit unentwickelten Kommunikationsmitteln«.[28]

Die orakelnden Beschwörungen von Katastrophen, in denen sich Deutschlands Politiker von Kohl bis Strauß angesichts der niedrigen Geburtenrate stets gefallen, lösen sich – auf lange Sicht betrachtet – in Hirngespinste auf. Selbst wenn die Reproduktionsrate gemäß der bislang düstersten Prognose noch eine Zeitlang weiter sackt und keine Immigranten kommen, wird Deutschland keine leere Landschaft werden.

Sogar die schlechteste Prognose läuft schließlich nur darauf hinaus, daß nach dem ersten Drittel des 21. Jahrhunderts statt 246 Bürgern wie heute nur noch 135 ausschließlich deutsche Menschen auf einem Quadratkilometer westdeutschen Bodens wohnen. Der wäre damit dann immer noch dichter als Frankreich heute (100 Einwohner je Quadratkilometer) und nur wenig dünner als jetzt die Schweiz (158 Einwohner je Quadratkilometer) besiedelt.

Eines freilich schafft Probleme: der Übergang von hier nach da. Denn der bringt Wechselbäder für die Gesellschaft mit sich. Erst steigt die Zahl und auch der Anteil der Bewohner zwischen 20 und 60 Jahren ziemlich an, bis kurz nach 1990, dann sinken Zahl und Anteil dieser Altersgruppen ab 1995 kräftig (siehe Grafik Seite 75).

Erst mithin sind in der Wirtschaft Investitionen jener Art erforderlich, die Arbeitsplätze schaffen – dann, schon bald danach, mehr solche, die Arbeitskräfte einsparen helfen, es sei denn, viele neue Gastarbeiter werden angeworben.

Zu schaffen ist das alles. Zu schaffen ist sogar ein hohes Wohlstandswachstum in der ganzen Schrumpfungsphase.

Nötig ist dazu von seiten der Arbeitnehmer in der ersten Phase – Bescheidenheit beim Lohn; im zweiten Schrumpfungsabschnitt sind Flexibilität gefragt und längere Lebensarbeitszeiten.

Am allerwichtigsten ist für die ganze Zeit, daß viel gespart wird – vor allem in den Staatshaushalten –, damit mehr Kapital bereitgestellt wird für die Wirtschaft. Denn damit läßt sich dann fast alles leichter tragen, auch die Vergreisung der Gesellschaft in der zweiten Schrumpfungsphase. Zudem: Durch eine kapitalintensivere Produktion und durch möglichst noch erhöhte Qualifikation der Arbeitskräfte kann auch ein schrumpfendes und altes Volk im Wettbewerb mit den noch jungen, wachsenden Nationen der Schwellenländer gut bestehen.

Dies bedeute – so schrieben die Wissenschaftler des Beirats beim Bundeswirtschaftsministerium in einem Gutachten über «die wirtschaftspolitischen Implikationen des Bevölkerungsrückgangs» –, «daß . . . ein erhöhter Bedarf an wirtschaftspolitischen Maßnahmen zur längerfristigen Verbesserung der Wachstumsbedingungen, insbesonders des Investitionsklimas besteht». Und: «Keine der . . . Auswirkungen des Bevölkerungsrückgangs auf wirtschaftliche Vorgänge und Größen erfordert zwingend ein Gegensteuern durch eine staatliche Geburtenförderung.»[29]

UNGESUNDES SCHRUMPFEN

Entwicklung der Bevölkerung in der Bundesrepublik nach Altersgruppen in Millionen, geschätzt

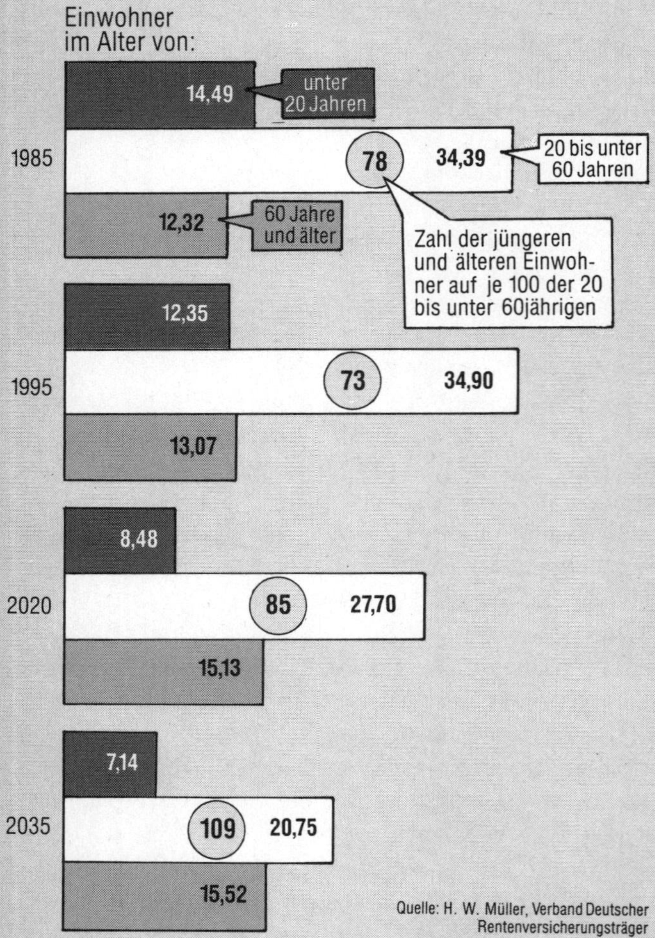

Quelle: H. W. Müller, Verband Deutscher Rentenversicherungsträger

Das gilt sogar für jene ohnehin schwer angeschlagene Staatseinrichtung, deren Rettung Bonns Regierende zuvörderst mit ihrer jüngst beschlossenen Geburtenstimulierung erreichen wollen. Es gilt auch für die soziale Rentenversicherung.

Denn sie kommt nicht durch Schicksalsschlag, durch jenen Zufall, daß die Geburtenraten kleiner als erwartet sind, ins Trudeln. Ihr droht Zusammenbruch, weil die Politiker sie ohne jede Not und ganz freiwillig zum Spielball der Bevölkerungsentwicklung machten.

5
Wenig Junge, viele Alte

Sind die Alterskassen noch sozial?

Ein Mensch tät sich noch gerne gütlich,
Doch wirds am Tische ungemütlich:
Auf seinen Eßplatz wartet schon
Die nächste Generation,
Mit großem Löffel, spitzer Gabel
Das Messer wetzend wie den Schnabel.

Eugen Roth

Daß es in zwanzig, dreißig Jahren für die dann Älteren und Alten am Eßtisch eng wird, ist jetzt schon beinah sicher.

Denn jene Alterssicherungssysteme, in die der allergrößte Teil der Deutschen teils hineingelockt, meist jedoch mit Staatsgewalt hineingezwungen wurde, sind heute schon in permanenten finanziellen Schwierigkeiten. Die gesetzlichen Rentenversicherungen, so beteuern die jeweiligen Bundesminister für Arbeit und Sozialordnung zwar seit Jahrzehnten, seien «sicher» oder seien nun «gesichert», wenn gerade einmal wieder eines der allfälligen Rentensanierungs-Programme abgelaufen war. Doch der Wahrheitsgehalt solcher Behauptungen ist weit geringer als der des täglichen Wetterberichts.

Tatsächlich wird seit Jahrzehnten in keinem Bereich so gelogen wie im Bereich der staatlichen Rentenpolitik. Die Altersversorgung der heute arbeitenden und Rentenbeiträge zahlenden Generation ist nicht nur völlig unsicher; sie ist in höchstem Maße gefährdet.

Eine Chance, ähnliche Gewinne wie die heutigen Rentner aus der gesetzlichen Rentenversicherung zu ziehen, haben die jetzt noch arbeitsfähigen Deutschen ohnehin nicht. Und das nicht etwa nur deshalb, weil es dann, wenn sie alt sind, infolge des gegenwärtigen Geburtenrückgangs nicht mehr genügend Beitragszahler geben wird, die ihre Pension aufbringen.

Selbst wenn morgen ein Baby-Boom einsetzte oder wenn von Mitte der neunziger Jahre an ein steter Strom an tüchtigen Einwanderern mit Beiträgen und Steuern für die Aufrechterhaltung der üppigen deutschen Rentensysteme sorgte: Die jetzt noch relativ jungen Beitragszahler der Rentenversicherung hätten auch dann keine Aussicht auf eine so profitable Altersversorgung, wie sie die heutigen Alten erreichen.

Für die heutigen Rentner erwies sich die Mitgliedschaft in der Rentenversicherung als ein Geschäft ohnegleichen. Für die eigenen Beiträge, die sie im Laufe ihres Lebens einzahlten, erhalten sie nun eine Gegenleistung, die ihnen keine private Lebensversicherung und auch keine andere, selbst keine inflationsgesicherte Vermögensanlage geboten hätte.

Dabei gelten als «eigene» Beiträge nicht nur jene Summen, die früheren Arbeitnehmern offen und direkt abgezogen wurden, sondern auch jener Anteil an den gesamten Rentenversicherungsabgaben, den offiziell die Arbeitgeber trugen – mit gutem Grund: Zwar werden die sogenannten Arbeitgeberanteile zur Renten- ebenso wie zur Kranken- und Arbeitslosenversicherung nach deutscher Gepflogenheit nicht als Lohnbestandteil auf den Gehaltsabrechnungen notiert (und nicht der Steuer unterworfen). Aber dennoch sind sie ein echter Teil des Lohns, der von den Arbeitnehmern selbst verdient und erwirtschaftet wurde.[1]

Jede Erhöhung der Arbeitgeberbeiträge zu den Rentenkassen wie zu den anderen Sozialversicherungen steigert schließlich genauso wie ein Zuwachs beim ausgewie-

WACHSTUM OHNE GRENZE?

Entwicklung der Beiträge zur Gesetzlichen Rentenversicherung in Prozent des Bruttoeinkommens aus unselbständiger Arbeit;

bis 1942 Invaliditätsversicherung bzw. Arbeiterrentenversicherung,

von 1942 an Rentenversicherung für Arbeiter und Angestellte

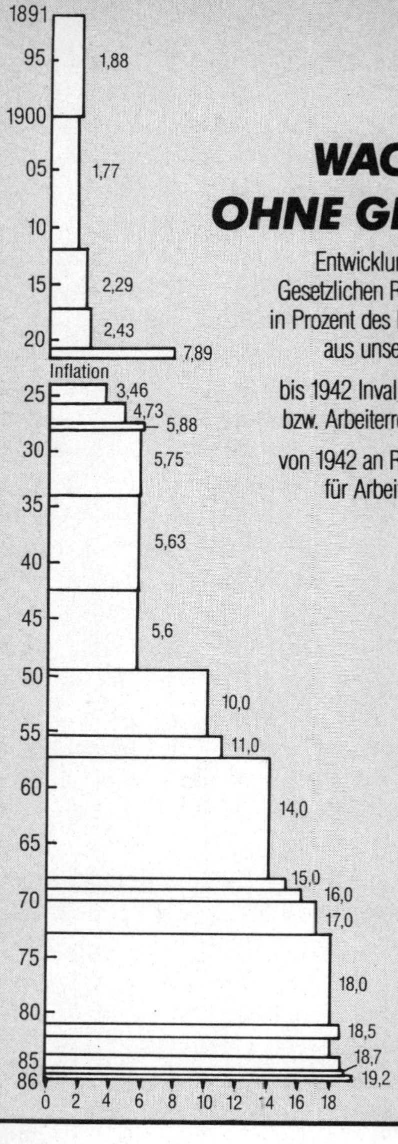

DER SPIEGEL

senen Bruttolohn die Kosten, die ein Arbeitnehmer verursacht. Jede Verminderung dieser Arbeitgeberbeiträge – falls es jemals eine solche gäbe – könnte ohne negative Folgen für die Arbeitsplätze dazu genutzt werden, den ausgewiesenen Bruttolohn zusätzlich zu erhöhen.

Die Anlage der Arbeitgeber- wie der Arbeitnehmerbeiträge in der staatlichen Rentenversicherung war für die heutigen Alten hoch profitabel.

Sogar ein Rentner, der sich 1983 erst mit 65 Jahren pensionieren ließ und zuvor 50 Jahre lang stets Beiträge auf das jeweilige Durchschnittseinkommen entrichtet hatte, erhält als Rente aus der Sozialversicherung das Doppelte des Betrages, den eine seriöse private Assekuranzfirma ihm überweisen könnte, wenn sie auf seine Einzahlungen stets sieben Prozent Zinsen jährlich erwirtschaftet hätte und von der Währungsreform des Jahres 1948 verschont worden wäre.[2] Das bedeutet: Die heutigen Altersrentner haben bestenfalls die Hälfte ihrer Rente durch eigene Versicherungsbeiträge (inklusive des Arbeitgeberanteils) selbst finanziert; bei vielen ist der selbstbezahlte Anteil der Altersversorgung noch weit niedriger.

Bei den Rentnern, die Anfang der achtziger Jahre auf das Altenteil gingen, ermittelte der Kölner Versicherungsmathematiker Georg Heubeck eine noch weitaus geringere «Eigenfinanzierungsquote». Angesichts des Faktums, daß viele darunter vorzeitig aus dem Erwerbsleben ausgeschieden seien und mithin weitaus weniger als 50 oder auch nur 40 Jahre eingezahlt hätten, betrage der selbstfinanzierte Anteil ihrer Rente «im Durchschnitt nur rund 25 Prozent».[3] Diese älteren Bürger erhalten aus der Rentenversicherung durchschnittlich das Vierfache dessen, was sie bei verzinslicher Ansammlung ihrer Arbeitnehmer- und Arbeitgeberbeiträge hätten erwarten können.

Für die heute noch jüngeren Deutschen wird das Preis-Leistungs-Verhältnis, das ihnen die angeblich «soziale» Rentenversicherung bietet, selbst bei günstigstem Zukunfts-Verlauf weitaus schlechter ausfallen: Denn sie müssen erheblich höhere Rentenversicherungsbeitäge abführen als einst ihre Eltern und Großeltern, um ähnlich hohe, wenn auch nicht so sichere Rentenansprüche wie die heutigen Alten zu erwerben.

Die derzeitigen Rentner haben über weite Strecken ihres Arbeitslebens nur winzige Beitragssätze – teilweise nur fünf Prozent als Gesamtbeitrag (also Arbeitnehmer- *und* Arbeitgeberanteil) von ihrem Einkommen – an die Rentenversicherung abgeführt, und damit wesentlich weniger als die jetzt Erwerbstätigen (siehe Grafik Seite 76 und Seite 79). Seit Juni 1985 bis Ende 1986 müssen 19,2 Prozent, dann wieder (wenn es denn wahr wird) 18,7 Prozent des Verdienstes bis zur Beitragsbemessungsgrenze (1986: 67 200 Mark im Jahr) an die Rentenkasse abgeliefert werden.

Bei Versicherten, die ein ganzes Arbeitsleben lang Beitragssätze von dieser Höhe abführen müssen, ist die Wahrscheinlichkeit hoch, daß sie ihre Rente schon zu *über* 100 Prozent selbst finanzieren. Das ergeben jedenfalls Modellrechnungen der Bundesversicherungsanstalt für Angestellte (BfA).[4]

Die heute noch jungen Erwerbstätigen werden also aus der staatlichen Rentenversicherung voraussichtlich weniger erhalten, als sie an Beiträgen (samt der darauf anzurechnenden Zinsen und Zinseszinsen) aufbringen müssen. Und das gilt selbst für den reichlich unrealistischen Fall, daß das derzeitige Rentenrecht ungeschmälert bis tief hinein in das 21. Jahrhundert bestehen bleibt.

Der Stab der Deutschen Bundesbank, der zur internen Information der Zentralbankratsmitglieder Berechnungen mit ähnlichem Ergebnis durchgeführt hatte, fol-

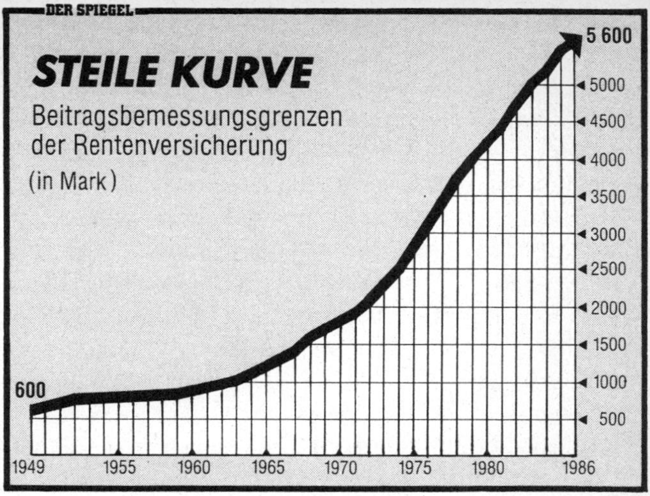

gerte daraus, «daß für den einzelnen eine private Altersvorsorge unter Umständen bereits heute lukrativer ist oder zumindest in absehbarer Zeit werden wird». Und die Bundesbank-Experten fügten hinzu: Es sei «doch sehr problematisch, einen Versicherten zu zwingen, mehr Beiträge für seine Alterssicherung aufzuwenden, als er später in Form von Rentenleistungen zurückerhält«.[5]

Der Aufpreis für das reichlich zweifelhafte Vergnügen, sozial statt privat für das Alter gesichert zu sein, kann zudem leicht weit höher ausfallen, als die Kalkulatoren bislang veranschlagt haben. Schätzungen über das Preis-Leistungs-Verhältnis, das die Rentenversicherung ihren jüngeren, noch zahlenden Zwangsmitgliedern zumutet, gehen allesamt von der Annahme aus, daß die heutigen Arbeitnehmer im Alter ein genauso hohes Versorgungs-Niveau wie die jetzigen Rentner erhalten. Das aber wird kaum möglich sein.

Denn das Versprechen auf Gegenleistung, das die staatlichen Rentenkassen ihren Beitragszahlern geben, ist durch keinerlei Sicherheiten, durch kein Kapital mehr gedeckt. Die Rentensysteme, die offiziell noch immer den Namen «Versicherung» führen, haben unterdes jede Art von Versicherungscharakter verloren.

Sie sind statt dessen zu einer gewaltigen Umverteilungsmaschinerie degeneriert, die ihre Rentenzusagen nur solange einhalten kann, solange es genügend neue Beitragszahler gibt. Genügend neue Beitragszahler aber wird es wegen der seit 1965 erst langsam, dann sturzartig gesunkenen Geburtenrate schon von den frühen neunziger Jahren an nicht mehr geben.

Und: Die kräftig erhöhten Geburtenprämien, die seit Anfang 1986 gewährt werden, könnten dieses erste große Tief, das der Rentenversicherung schon während der neunziger Jahre droht, selbst dann nicht abwenden, wenn sie die Fruchtbarkeit der Deutschen sofort, sehr nachhaltig und kräftig zu stimulieren vermöchten. Denn schließlich werden die Babys von heute und morgen bestenfalls am Ende der ersten Dekade des 21. Jahrhunderts zu Beitragszahlern herangereift sein, bei weiterhin verlängerten Ausbildungszeiten noch später.

Die düsteren Zukunftsbilder, die der Rentenversicherung für die (nur noch kurze) Zeit bis zur Jahrtausendwende von den Experten ausgemalt werden, haben daher einen hohen Grad an Wahrscheinlichkeit. Nach der Prognose, die Klaus Hoffmann und Jürgen Genzke, der eine Präsident, der andere Mitarbeiter der Bundesversicherungsanstalt für Angestellte, im Herbst 1985 vorlegten, «dürfte sich die Zahl der Rentenempfänger» bis zum Jahr 2000 «um rund 15 Prozent erhöhen».[6] Die Masse der Beitragszahler, inklusive jener, die wie manche Hausfrauen und manche Selbständige freiwillig Beiträge an die Alterskassen entrichten, aber sinkt nach

Hoffmanns und Genzkes Berechnungen im gleichen Zeitraum um über fünf Prozent.[7]

Die Schätzung mag sich noch als zu rosig erweisen. Die Zahl der Rentner könnte noch stärker steigen, jedenfalls dann, wenn die Lebenserwartung der Alten weiterhin zunimmt, wofür es bereits Indizien gibt. Die Zahl der Beitragsentrichter könnte noch drastischer fallen, wenn zunehmend weniger unter den nicht versicherungspflichtigen Bürgern für eine freiwillige Mitgliedschaft bei den staatlichen Alterskassen optieren – was angesichts der schlechten Rendite, die mittlerweile dort geboten wird, wahrscheinlich sein dürfte.

Die Zahlenwerke sind keine belanglosen Computerspiele; sie betreffen direkt eine große Masse an Bürgern und deren Lebensplanung. Denn sie zeigen: Schon jene, die im Laufe der neunziger Jahre auf Rente gehen möchten – das sind voraussichtlich die zwischen 1930 und 1940 Geborenen – und auch alle Bürger, die bis dahin Pensionäre werden oder es schon sind und dann voraussichtlich noch leben werden, müssen wohl mit verminderten Alterseinkommen rechnen.

Fällig ist bis zum Jahr 2000 nach den Berechnungen von Hoffmann und Genzke entweder eine Kürzung der Rentenansprüche um fast 20 Prozent oder eine stattliche Steigerung der Beitragssätze (siehe Grafik Seite 82/83). Doch daß die Rentner geschont, daß statt dessen die dann Erwerbstätigen mit immer stärker steigenden Beiträgen geschröpft werden könnten, ist wahrscheinlich nicht durchsetzbar.

Es würde nämlich bedeuten, daß Durchschnittsverdiener schon im Jahre 2000 – bei sonst unveränderten direkten wie indirekten Steuer- und Sozialabgabesätzen – von ihrem gesamten «Bruttoeinkommen aus unselbständiger Arbeit» (das ist der Bruttolohn zuzüglich der Arbeitgeberbeiträge zu den Sozialversicherungen)

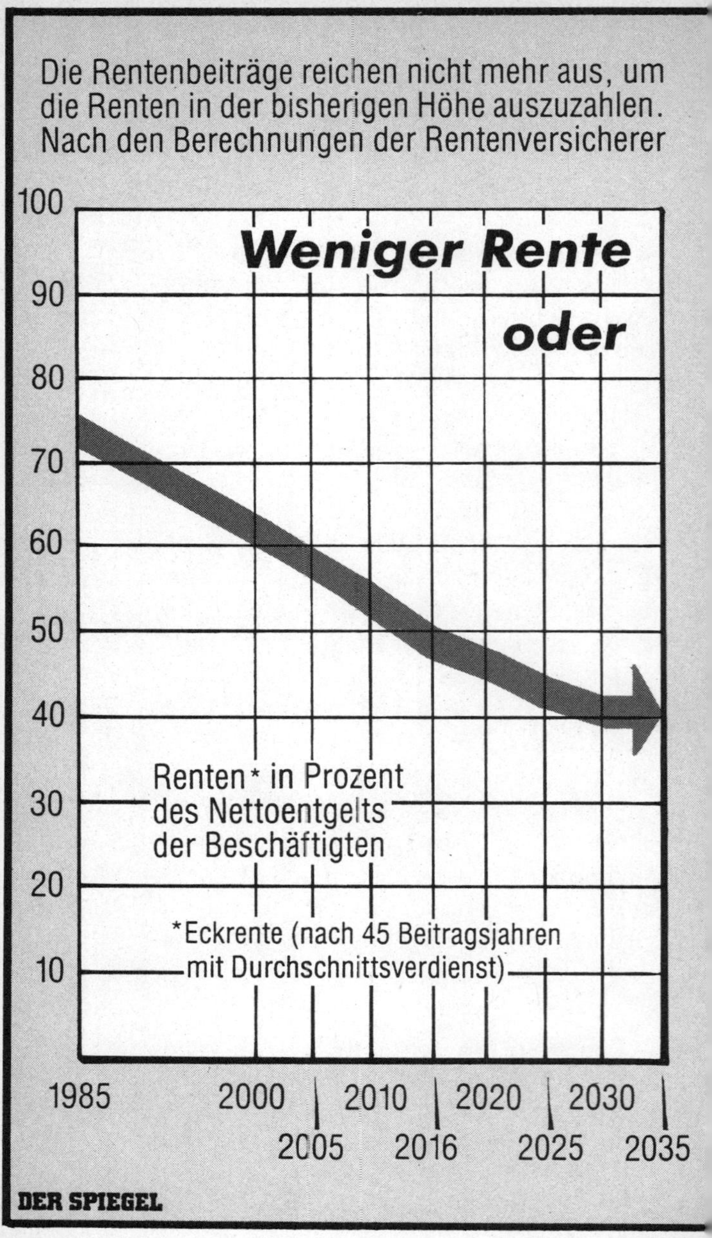
Die Rentenbeiträge reichen nicht mehr aus, um die Renten in der bisherigen Höhe auszuzahlen. Nach den Berechnungen der Rentenversicherer
Weniger Rente
oder
100
90
80
70
60
50
40
30
20
10
Renten* in Prozent des Nettoentgelts der Beschäftigten
*Eckrente (nach 45 Beitragsjahren mit Durchschnittsverdienst)
1985
2000
2005
2010
2016
2020
2025
2030
2035
DER SPIEGEL

müßte entweder das Rentenniveau gesenkt oder müßten die Beiträge zur Rentenversicherung erhöht werden:

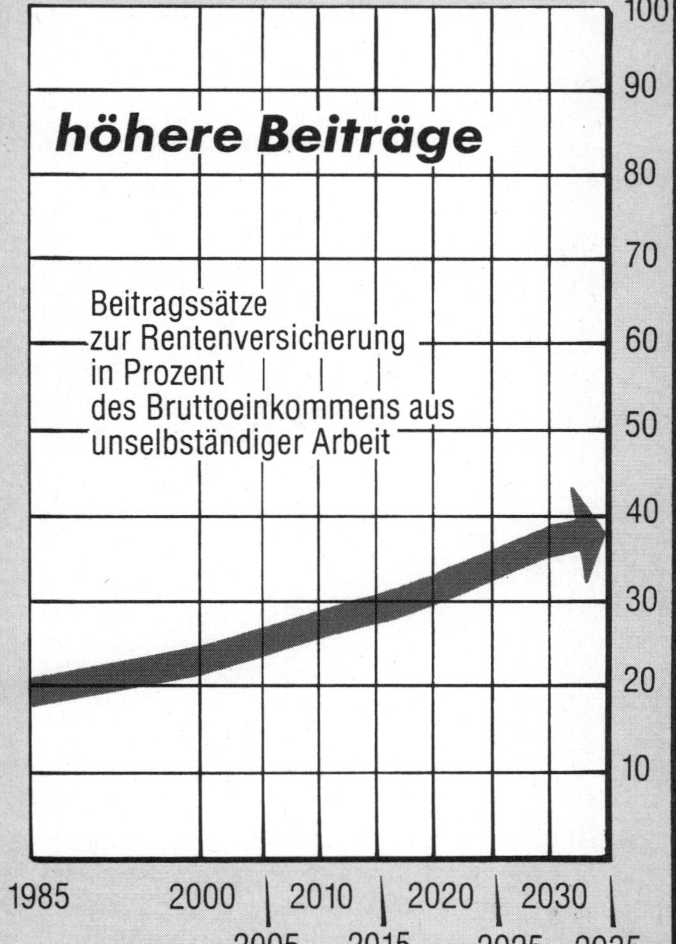

bereits 53 Prozent an den Staat abführen müßten (siehe Grafik Seite 88).[8] Wahrscheinlich droht mehr, da auch die anderen Lasten noch weiter zunehmen könnten; das gilt insbesondere für die Krankenversicherungsbeiträge, die ohne eine marktwirtschaftliche Reform im Gesundheitswesen, weiterhin explodieren werden.

Die Rentenversicherung ist kein Generationenvertrag

Noch katastrophaler wird die Lage nach der Jahrtausendwende – jedenfalls dann, wenn nicht bald ein neuer Baby-Boom einsetzt, der frühestens ab 2005/6 für viele nachwachsende Beitragszahler sorgen könnte. Jene, die im ersten Drittel des 21. Jahrhunderts die Pensionsgrenze erreichen oder damit rechnen, diesen Zeitraum als Altrentner voll oder teilweise zu durchleben, müssen sich darauf einrichten, nur noch Minirenten aus der teuren staatlichen Zwangsversicherung zu erhalten.

Ihre Rentenansprüche wären – bei gleichbleibend niedriger Geburtenrate – ungekürzt nur zu finanzieren, wenn die dann nicht mehr sehr zahlreichen Erwerbstätigen bis zu 37,5 Prozent ihres Einkommens alleine für Rentenversicherungsbeiträge abführen würden[9]; das bedeutet bei sonst gleichbleibenden Lasten, daß Durchschnittsverdiener eine durchschnittliche Abgabelast von bis zu 62 Prozent hinzunehmen hätten (siehe Grafik Seite 91). Ob bei solch einem konfiskatorischen Abgabesystem noch irgend jemand freiwillig außerhalb der sogenannten Schattenwirtschaft arbeiten würde, darf füglich bezweifelt werden.

Wahrscheinlicher sind deshalb drastische Kürzungen der Rentenansprüche. Nach den Berechnungen der Experten aus den Rentenversicherungen muß das sogenannte Rentenniveau (die Rentenhöhe im Vergleich zu den Nettoeinkommen der Aktiven) bis 2035 auf fast die Hälfte seines heutigen Standes heruntergefahren werden, wenn von jetzt an weitere Beitragserhöhungen vermieden werden sollen (siehe Grafik Seite 84/85).

Heutige Rentner erzielen in der Regel ein sehr hohes Rentenniveau. Wer 45 Versicherungsjahre vorweisen kann und für diese Zeit immer den Durchschnittsbeitrag gutgeschrieben erhielt, bezog 1985 eine Rente, die rund 73 Prozent des durchschnittlichen realen Nettolohnes der noch tätigen Arbeitnehmer entsprach.[10]

Dabei ist nachzutragen: 45 Versicherungsjahre sind für *jeden* erreichbar, der nur prinzipiell bis zu seinem 61. Lebensjahr dem Arbeitsmarkt zur Verfügung stand. Denn zusätzliche Ausbildungszeiten (maximal 13 Jahre nach Vollendung des 16. Lebensjahres), Krankheit und Zeiten der Arbeitslosigkeit werden unter bestimmten Voraussetzungen, Kriegsdienst und seine Folgen, etwa Gefangenschaft, immer als rentensteigernde Versicherungsjahre angerechnet.

Und nachzutragen ist auch: Die heutigen Alten haben zusätzlich zu ihrer Rente meist noch Vermögen und Vermögenserträge.

Bei den Sparkassen betrug 1983 das durchschnittliche Guthaben von Rentnern 23 000 Mark, damit doppelt soviel, wie andere Bevölkerungsgruppen pro Kopf auf ihren Sparkassenkonten hatten, was allein vielleicht noch nicht sehr viel besagt. Allerdings: Zwanzig Prozent der Rentner, die bei den Sparkassen Kunden waren, hatten alleine bei diesen Instituten durchschnittlich 70 000 Mark herumliegen.[11]

Zudem: Unter den Rentner- und Pensionärshaushalten war der Anteil derer, die sich 1980 als vermögenssteuerpflichtig gemeldet, also pro Haushaltsmitglied mindestens einen Besitz im Wert von 80 000 Mark (alles darunter ist bei alten Bürgern vermögensteuerfrei) vorzuweisen hatten, mehr als viermal so hoch wie bei den Arbeitnehmerfamilien.[12] Dabei ist zu vermuten, daß die Alten noch seltener als die Jüngeren ihr Vermögen und ihre Vermögenserträge beim Finanzamt deklarieren – wohl wissend um die Scheu der Behörden, in Altenheimen und in Altenwohnungen den Steuerfahnder einzusetzen.

In nicht durch Krieg und Inflation zerrütteten Gesellschaften, die zudem mehrere Jahrzehnte strammen wirtschaftlichen Wachstums hinter sich haben, ist es allerdings fast selbstverständlich, daß die älteren und alten Bürger relativ die Reichsten, was das Vermögen anbelangt, im Lande sind – schon deshalb, weil sie weitaus länger als noch junge Erwerbstätige Gelegenheit hatten, Besitz anzuhäufen.

Die Bundesrepublik hat nun schon vier Jahrzehnte Frieden und eine fast ebenso lange Zeit mit relativ hohem Wirtschaftswachstum und relativ niedrigen Inflationsraten hinter sich. Der heutigen Altengeneration wurde die Ansammlung zusätzlicher Reserven dabei auch noch durch den Umstand erleichtert, daß sie während ihres Erwerbslebens nicht nur ziemlich geringe Rentenversicherungbeiträge, sondern auch sonst relativ niedrige Abgaben zu leisten hatte.

Immerhin erhielten Arbeitnehmer während der sechziger Jahre von dem Betrag, den ihr Arbeitgeber inklusive der von ihm zu tragenden Sozialbeiträge für sie ausgab, also von ihrem «Bruttoeinkommen aus unselbständiger Arbeit», im Durchschnitt noch gut 70 Prozent auch netto ausbezahlt. In den Jahren 1980 bis 1984 lag diese Auszahlungsquote nur noch bei gut 56 Prozent – vor allem wegen der zwischenzeitlich exorbitant gestiegenen Sozialbeiträge.[13] Und daß die Bürger künftig wieder einen größeren Teil ihres selbstverdienten Einkommens auch zur eigenen Verfügung erhalten, ist nicht in Sicht.

Die so immens gestiegene Abgabelast habe bereits, so schrieb die Deutsche Bundesbank Anfang 1986, ein Ausmaß erreicht, das die Frage aufwerfe, «ob die Leistungsbereitschaft der Erwerbstätigen und die Wirtschaftskraft der Unternehmen damit nicht überfordert werden. Zwar ließen sich die Grenzen der Abgabebelastung», so die oberste Währungsbehörde weiter, «nicht exakt bestimmen, und sie verschieben sich möglicherweise auch im Laufe der Zeit; zudem mag es einen graduellen Unterschied machen, ob der Staat Steuern erhebt oder Sozialversicherungsbeiträge, da letztere – jedenfalls prinzipiell – mit einem Anspruch auf Gegenleistung verknüpft sind. Dem einzelnen ist jedoch deutlich, daß zwar die Beitragslast ständig steigt, die Leistungen aber nicht entsprechend zunehmen.»[14]

Da vielmehr mit einer Abnahme der Rentenleistungen zumindest zu rechnen ist, kommen die jetzt noch Jüngeren und Jungen, die die Alten von morgen sein werden, dadurch in die Klemme. Eine zusätzliche Sicherung durch mehr Reserven für die späten Lebenstage wäre für sie eigentlich weit nötiger als seinerzeit für die jetzt Alten – zumindest dann, wenn sie, wie die heutigen Rentner, nach dem Abschied aus dem Erwerbsleben ihren bis dahin gewohnten Lebensstandard aufrechterhalten, ja sogar noch am allgemeinen Wachstum mit profitieren wollen. Doch diese Zusatzsicherung ist für sie schwer nur zu erreichen – es sei denn, sie erben kräftig von der heutigen Altengeneration.

Für die noch jüngeren und jungen deutschen Bürger ist die Zwangsmitgliedschaft in der staatlichen Altersversicherung gleich doppelt fatal. Weil dieses Sicherungssystem ihnen möglicherweise nur noch eine bescheidene Grundrente bietet, müßten sie eigentlich durch privates Sparen in erheblichem Umfang zusätzlich vorsorgen. Das aber können sie in der Regel nicht oder doch nicht in

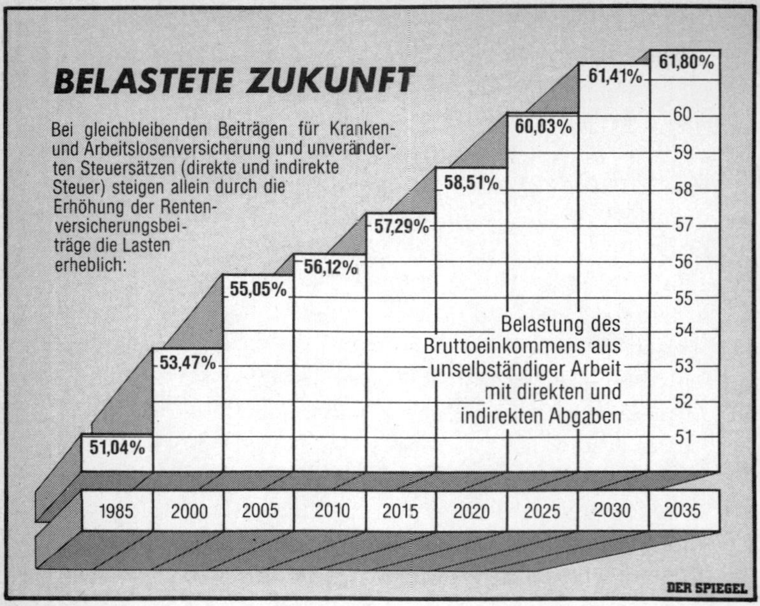

ausreichendem Maße, weil die hohen Rentenversicherungsbeiträge ihr Einkommen allzusehr schmälern.

Die deutsche Rentenversicherung, einst als soziale Großtat und als Mittel zur gesellschaftlichen Befriedung gepriesen, droht nun auf Dauer zum Sprengstoff für die Gesellschaft zu werden. Selbst die offiziellen Vertreter der Versicherungsanstalten warnen gelegentlich, daß «die Akzeptanz des gesamten Systems verloren» gehen könnte (so der BfA-Direktor Helmut Kaltenbach).[15] Und sie mahnen, daß «auch ein Pflichtversicherungssystem» es sich nicht leisten könne, «den Versicherten überproportionale Vermögensopfer abzuverlangen» (so Rudolf Kolb, Hauptgeschäftsführer des Verbandes Deutscher Rentenversicherungsträger).[16]

Denn die eigenartige Finanzierungsart, das sogenannte reine Umlageverfahren, das unterdes die Altersversorgung der Deutschen regiert, konstituiert gerade keinen «Generationenvertrag», wie die Politiker stets zu behaupten belieben.

Es schafft gerade keinen fairen Ausgleich zwischen den Generationen wie ein echter, auf Leistung und Gegenleistung gegründeter Vertrag. Es verschafft den einen, nämlich der heutigen Altengeneration, Rentenbezüge von einer – im Vergleich zu den zuvor geleisteten Beiträgen – nie dagewesenen Höhe. Und das geschieht zu Lasten der anderen, der heute noch jüngeren Generationen, die ihrerseits für ihre Einzahlungen möglicherweise nur noch einen minimalen Gegenwert erhalten werden.

Jene Gleichung, die heutige Sozialpolitiker oft leichtfertig aufmachen, obwohl ein einziger Blick in die Statistik sie eines Besseren belehren könnte, wird dann vielleicht doch wahr: die Gleichung, daß Alter immer auch Armut bedeute.

Altersarmut gibt es zwar sicher auch heute. Aber zum einen ist sie keine Massenerscheinung: Immerhin fand

Süddeutsche Zeitung, Leger

die Transfer-Enquête-Kommission, die in den siebziger Jahren die Einkommenslage der Rentner untersuchte, unter 6,5 Millionen Rentnerhaushalten nur 280 000 (= 4,3 Prozent), «die in einkommensmäßiger Armut leben«.[17]

Zum anderen sacken heute die Einkommen im Alter weit unter das zuvor gewohnte Niveau nur bei jenen Bürgern ab, die zuvor nicht sehr lange in die Rentenversicherung eingezahlt und auch keine andere Vorsorge während ihrer jüngeren Jahre betrieben hatten – sei es aus Leichtsinn, sei es, weil sie eine solche andere Vorsorge aus wirtschaftlichen Gründen nicht treffen konnten oder weil sie ihre eigentlich fest eingeplante Alterssicherung durch unvorhersehbares Mißgeschick verloren.

Nach dem Jahr 2000 aber könnte Altersarmut ein allgemeines Schicksal werden. Sie würde auch all jene Bürger treffen, die ein Leben lang reichlich hohe Rentenversicherungsbeiträge entrichtet hatten und sich dann im Alter als enteignet betrachten werden.

Innerhalb der Expertokratie der Rentenversicherungsämter sind düstere Aussagen über die fernere wie auch die nähere Zukunft der deutschen Altersversorgung längst eine Selbstverständlichkeit. Der Beginn der Dauerkrise, in die das Altersversorgungssystem nahezu unabwendbar stürzen wird, ist dabei nach den Prognosen aus dem Hause der BfA auf ziemlich bald datiert. Schon ab 1990 wird die Rentenversicherung – wenn nicht bis dahin zusätzliche Mittel beschafft oder die Rentenansprüche gekürzt werden – in stetig wachsende, nicht mehr durch Kleinkorrekturen zu behebende Zahlungsnöte geraten.[18]

6

Die Folgen einer falschen Theorie

Fortpflanzungspflicht zur Sicherung der Renten?

Darf man das Volk betrügen?
Ich sage nein!
Doch willst du sie belügen,
So mach' es nur nicht fein.

Johann Wolfgang von Goethe

Fein ist es nicht, wie die Politiker in Sachen Renten das Volk zu belügen versuchen; doch sehr erfolgreich sind sie dabei nicht. Denn das Volk läßt sich nun einmal auf grobe wie auf feine Art nicht dauerhaft zum Narren halten, was Politiker offenkundig immer wieder aufs Neue schmerzhaft erlernen müssen.

In der Rentenfrage helfen auch keine teuren Plakat- und Anzeigenaktionen mehr, die um Vertrauen in die staatlichen Alterssicherungssysteme werben sollen. Sie stacheln eher Mißtrauen noch an.

Argwohn, daß die Renten bald nicht mehr bezahlbar sein könnten, scheint im Volk ohnehin schon länger zu keimen. Der Volksmund hat die Verdächte, die unterdes die Alterssicherung umranken, in jenen schwarzen Jux transformiert, der noch stets ein Ventil war für ohnmächtige Ängste und Wut der Beherrschten.

«Ab 1.1.1987 dürfen Rentner bei Rot die Straße überqueren; ein Jahr darauf dann müssen sie» – so lautet einer der bösen Witze, die derzeit in den Gassen zur Lage der nationalen Alterskassen umgehen. Das zeigt, wie gut die Bürger Art und Struktur der Finanzprobleme verstehen, auf die die Rentenversicherung zuschlittert.

Bei den Politikern in Bonn allerdings gilt mittlerweile verschärft der Komment, daß lose Reden über den wahren Zustand der Rentenversicherung als Sittenverstöße zu ahnden seien. Nur Provinzpolitiker sagen manchmal öffentlich, was ohnehin alle nur zu genau wissen, daß die Rentenversicherung nämlich bald pleite sei. Ihnen wird freilich gleich strenger Verweis zuteil: «Bodenlose Verunsicherung der Rentner», schimpfte der Bundesminister für Arbeit und Sozialordnung Norbert Blüm 1985 im Bundestag über Hermann Heinemann, SPD-Landespolitiker aus Nordrhein-Westfalen, der derartiges zu sagen gewagt hatte. Und dessen Partei schwieg betreten dabei.[1]

Zur politischen Übung gehört es statt dessen, daß der zuständige Bundesminister nahezu allwöchentlich dem Publikum versichert, die Rente werde «pünktlich Monat für Monat» (Blüm) gezahlt; auch Kürzungspläne gebe es nicht.

Nur: Eine «Strukturreform» – so sagt es Norbert Blüm (CDU), so sagen es auch die Sozialpolitiker anderer Parteien –, die müsse es irgendwann geben. Was die modische Wort-Verbindung aus «Struktur» (von lateinisch struere = zusammenfügen) und «Reform» (von reformare = umgestalten) für die Altersversorgungs-Systeme bedeuten soll, darüber geben Bonns Sozialpolitiker und auch die politischen Generalisten dem Volk nur verschlüsselte Auskunft.

Lediglich einer der Bonner Spitzenpolitiker übersetzte einmal den Sinn, den das Fremdwort-Ungetüm haben könnte, in allgemein verständliche Vokabeln. Martin Bangemann, FDP-Vorsitzender und Wirtschaftsminister, nannte als Ziel einer Strukturreform die Einführung einer bloßen «Grundrente» – und revozierte sofort. Denn alle anderen fielen über ihn her, weil das Volk prompt und völlig korrekt verstanden hatte, daß damit die drastische Kürzung der Renten gemeint war.

Die anderen freilich, besonders die «Sopos» – wie im Bonner Jargon die politischen Spezialisten für die Abteilung «Soziales» heißen – drücken sich weitaus gewundener aus. Wenn Norbert Blüm als zuständiger Minister etwa über Strukturreform in der Rentenversicherung spricht, ist zuvörderst und in Breite von neuen Geschenken in Gestalt nachträglicher Gebärprämien an heutige Neu-Rentner(innen) die Rede, die nötig seien, um «100 Jahre Unrecht» zu beseitigen.[2]

Wir stopfen die Löcher Westdeutsche Allgemeine, Pielert

Ähnliches verkünden auch die Sozialpolitiker der SPD als Ziel und Sinn von Strukturreformen, die das Altersversorgungssystem «finanziell wetterfest machen» sollen (die SPD-Sozialpolitiker Anke Fuchs und Eugen Glombig in einem gemeinsamen Vorwort zu einem Renten-Flugblatt der SPD).[3]

In einem eigenen Plan zur Rentenreform, den ihre Fraktion denn auch als Gesetzentwurf vorlegte, verlangen die SPD-Sozialpolitiker erst einmal viele neue Douceurs für die jetzige Rentnergeneration: eine verbesserte Hinterbliebenenversorgung, die Anrechnung von Kindererziehungszeiten für alle Rentnerinnen und nicht nur – wie von der CDU/CSU beschlossen – für die nach 1920 geborenen, dazu eine kräftige Erweiterung des Personenkreises, der sogenannte Renten nach Mindesteinkommen bezieht (also bei der Rentenbemessung erheblich höhere Beiträge angerechnet erhält als zuvor tatsächlich gezahlt worden sind).

Obgleich die einen in der Regierung sind, die anderen aber die Oppositionsbänke drücken, sind die Erklärungen, die CDU- und SPD-Sozialpolitiker zu den Finanzproblemen der Rentenversicherung abgeben, fast identisch. Beide tun so, als komme das Desaster über die Altersversorgung wie ein Schicksalsschlag, nur durch den Zufall rückläufiger Geburtenraten, die nicht voraussehbar gewesen seien.

Beide exkulpieren den Umstand, daß die staatliche, die sogenannte «soziale» Rentenversicherung anders als früher und anders als jede private Assekuranz über keinerlei verzehrbares Kapital als Sicherheit für magere Jahre verfügt, mit windigen, angeblich wissenschaftlich gesicherten Behauptungen.

Daß die *staatliche* Rentenversicherung anders als jede private keinerlei Kapitaldeckung mehr habe, entspräche – so heißt es etwa im Rentenreformpapier der SPD – «der volkswirtschaftlichen Erkenntnis», wonach «die Mittel für die Leistungen stets nur dem aktuell erwirtschafteten Sozialprodukt entnommen werden können«.[4] Und Blüm behauptet, Renten müßten ohnehin «immer aus der Arbeit der jetzt Erwerbstätigen finanziert» werden.[5]

Früher gab es Sicherungen in den Alterskassen

Fast gleichlautend harm- und schmerzlos klingen auch die Rezepte, die von den Sozialpolitikern der beiden größten, ansonsten verfeindeten Parteien zur Rentensanierung für die kommenden Jahre und Jahrzehnte vorgetragen werden. «Nach unserem Lösungsvorschlag», so heißt es in dem SPD-Papier, «sollen . . . Beitragszahler, Rentner und der Bund gemeinsam die wachsende Alterslast tragen.»[6]

Und der CDU-Politiker Blüm sagt dasselbe. In des Ministers Worten ist nur «eine bevölkerungspolitische Formel» vonnöten, «die diese Lasten auf Alt und Jung und den Staat verteilt»;[7] als ob der Staat selbst etwas hätte, woraus er sozusagen als dritte Partei und ohne zusätzliche Belastung von Alten und Jungen die Renten bezahlen könnte.

Das alles verrät ein bedrohlich geringes Problembewußtsein. Und es offenbart einmal wieder jene gefährliche Harmonie, zu der sich Politiker aller Farben im sozialen Bereich schon immer verstanden, jedenfalls dann, wenn das Verteilen von Geldern und die Geringschätzung künftiger Lasten anstanden.

Was die Politiker so parteiübergreifend und einstimmig als Erklärung für die drohende Rentenmisere anbieten, ist zudem auch noch falsch. In die schwerste Krise seit ihrer Gründung vor fast 100 Jahren kommt die staatliche Altersversicherung nicht oder zumindest doch nicht alleine durch den «veränderten Altersaufbau der Bevölkerung» – wie die SPD-Sozialpolitiker Anke Fuchs und Eugen Glombig behaupten – oder durch «die Katastrophe in der demographischen Entwicklung», wie es der Bundeskanzler Helmut Kohl (CDU) zu umschreiben pflegt.

Die Selbstverständlichkeit, mit der Politiker dies vorzutragen wagen, ist ohnehin schon sehr erstaunlich. Denn seriös finanzierte Altersversicherungen kommen normalerweise nicht in Schwierigkeiten, nur weil es eine Zeitlang weniger Kinder gab und vielleicht auch künftighin wenig Nachwuchs geben könnte. Daß damit die Zahl ihrer Rentner stärker als die der Beitragsentrichter steigt, wirft eine solide Versicherung nicht so leicht aus den Bahnen.

Jede private Altersversicherung beispielsweise muß das sogar von Gesetzes wegen strikt garantieren. Sie muß die Ansprüche ihrer heutigen und künftigen Rentner durch Kapitaldeckung (genauer: durch Anwartschaftsdeckung) so absichern, daß die zugesagten Pensionen auch dann gewährleistet sind, wenn ihr keine neuen Beitragszahler mehr zuwachsen.

Auch die ehrwürdig alte Rentenversicherung war ursprünglich so konstruiert, daß Überalterung der Kundschaft ihr kaum gefährlich werden konnte. So streng wie bei der privaten Assekuranz war die Sicherungsvorschrift zwar nie: Zur Vorsorge für den allerextremsten Risikofall, daß nur noch Rentner, aber keine Beitragszahler mehr existieren könnten, war die staatliche Rentenversicherung anders als jede private niemals verpflichtet.

Aber gegen die ganz normale Gefahr, die infolge abrupter Schwankungen in der Altersstruktur des Volkes droht, war sie sehr gut gefeit: durch ein ausgeklügeltes Finanzkonzept – eigentlich auch eine Art Umlageverfahren, jedoch ein Umlageverfahren mit eingebauten Sicherungen gegen Rentenkollaps und gegen Ungerechtigkeit.

Es zählt zu den Kuriositäten der deutschen Wirtschafts- und Sozialgeschichte, daß die staatliche Rentenversicherung früher genau das war, was ihr erst heute und nun fälschlicherweise nachgesagt wird. Sie war nie – auch nicht zu Bismarcks Zeiten – eine ganz echte, auf

Ansammlung individuell zurechenbarer Ersparnisse angelegte Versicherung. Aber sie war damals tatsächlich so etwas wie ein «Generationenvertrag», obwohl dieser Begriff seinerzeit noch nicht existierte. Denn Worte dieser Art, schön klingend, doch reichlich unpräzise, braucht es nicht, solange Systeme solide sind. Sie kommen erst auf, wenn der zu beschreibende Inhalt euphemistischer Vokabeln bedarf.

Nach der ursprünglichen Konstruktion der Rentenversicherung, die bis in die späten fünfziger Jahre unseres Jahrhunderts zumindest de jure weiterbestand, mußten die Kosten einer voraussichtlichen Verschlechterung der Altersstruktur gerecht auf mehrere Generationen verteilt werden.[8] Das bedeutete: Die Alterskassen waren verpflichtet, Reserven aufzubauen in günstigen Zeiten mit vielen Beitragszahlern und wenigen Rentnern: Reserven, die später bei verschlechterter Altersstruktur verzehrt werden sollten.

Grundsätzlich zwar mußte auch nach diesem Konzept jede Erwerbstätigengeneration die gleichzeitig lebenden Alten ernähren. Aber im Falle hoher Aktiven- und kleiner Rentnerzahlen durften die dann reichlicher sprudelnden Einnahmen der Alterskassen nicht wahlwirksam an das Publikum ausgekippt werden. Sie mußten vielmehr als Polster zurückgelegt werden, um in der nächsten Runde den dann Alten die Renten zu sichern und die dann Aktiven vor exorbitanten Beitragssteigerungen zu bewahren.

Dabei ist nachzutragen: Wie die Rentenversicherung mit diesem Konzept zwei Weltkriege, eine offene und eine gestaute Hyperinflation mit einer jeweils folgenden Währungsreform (1923 und 1948) überstand, ist ein Beweis dafür, wie erfolgreich die Aufrechterhaltung von guten Prinzipien gegen eine widrige Realität sein kann. Und es zeigt auch, daß richtige Regeln – wenn sie trotz momentaner Unerfüllbarkeit als Ideal aufrechterhalten werden – die Wirklichkeit und vor allem das Verhalten der Politiker zu prägen vermögen.

Denn nach dem Ersten und nach dem Zweiten Weltkrieg war die jeweils angesammelte Notreserve der Rentenversicherung weg, war zerstört durch Inflation wie alle anderen Geldvermögen. Und obwohl die Rentenversicherungen sofort nach den Katastrophen und den damit verbundenen Währungsschnitten die alten Regeln wieder zu erfüllen suchten, ist es ihnen nie ganz gelungen.

So urteilte seinerzeit die Deutsche Bundesbank über das Finanzgebaren der Rentenversicherungen in der ersten Dekade nach dem letzten Krieg, in der die Alterskassen ihren Reservebestand wieder von nahe Null auf 20 Monatsausgaben (heute: rund eine Monatsausgabe) aufgestockt hatten: Die Rücklagebestimmungen seien während dieser Zeit «niemals voll eingehalten» worden, «ebenso wie übrigens in den zwanziger und dreißiger Jahren«.[9]

Doch wichtiger als das Ausmaß, in dem die seinerzeit noch soliden Finanzierungsregeln eingehalten werden konnten, war freilich anderes. Solange die Vorschrift, daß eine angemessene Rücklage für das Überalterungsrisiko nötig sei, bestand und allseits anerkannt wurde, zwang das die Rentenpolitiker zur Disziplin. Jenen, die dauernd Geschenke verteilen möchten an tatsächlich oder auch nur vermeintlich Bedürftige, war zumindest der Griff in die Alterskassen versperrt. Denn das galt damals als unanständig, galt zu Recht als dreister Zugriff auf die Alters-Spargroschen der Massen.

Die Misere der deutschen Altersversorgungssysteme wurde programmiert, als die Rentenpolitiker, unterstützt von einem Teil der Wissenschaft, die Versicherungs- und Vorsichtsprinzipien für unnütz erklärten.

Schon mit jener Rentenreform von 1957, die heute gemeinhin «die Große» genannt und von jeder der etablierten Bundestagsparteien als ihr Werk reklamiert wird, begann in Wahrheit die Krise.

Bereits die intellektuellen Wegbereiter dieser Reform, einige Professoren mit dem Fach «Sozialpolitik», hatten den «Sopos» von Bonn den Vorwand für einen gründlichen Reserve-Verzehr, für kräftige Ausgabensteigerungen und für eine künstliche Vermehrung der Rentnerzahlen geliefert. Sie stellten nämlich die Behauptung auf, eine das ganze oder doch fast das ganze Volk umfassende Rentenversicherung könne gar keine Vorsorge für spätere Überalterungsphasen betreiben, könne keine Reserven aufbauen, um sie dann später zu verzehren.

Denn einer gesamten Volkswirtschaft, so hatte etwa der Kieler Experte für Sozialpolitik Gerhard Mackenroth verkündet, gelinge «keine Ansammlung von Fonds, keine Übertragung von Einkommensteilen von Periode zu Periode, kein ‹Sparen› im privatwirtschaftlichen Sinne«.[10] Was *einer* könne, sei der Gesamtheit nicht möglich: nämlich im Alter von einem zuvor angesammelten Kapital, also ohne zusätzliche Belastung der dann erwerbstätigen Generation, zu leben. Rentenreserven, ja gesamtwirtschaftliche Ersparnisse überhaupt, seien im Ernstfall gar nicht aufzulösen, seien nicht für Rentenzahlungen zu verwerten; die Pensionen der Alten müßten vielmehr stets durch Umlage bei den Jungen abkassiert werden.

Dem Überalterungsrisiko, der Gefahr, daß vielen Rentnern nur noch wenige Beitragszahler gegenüberstehen, sollte nach Vorschlag der Antispar-Lehrer nicht mehr durch biedere Reservebildung, sondern auf originellere Art begegnet werden: Durch aktive Bevölkerungspolitik sollte für stets ausreichenden Nachschub an neuen Beitragszahlern gesorgt werden. Der Kölner Professor Wilfrid Schreiber, der die dynamische Rente auf reiner Umlagebasis vorgeschlagen hatte und seither als deren «Vater» gilt, wollte sogar, daß allen Deutschen «ein gesellschaftliches Soll der Kinderzahl» auferlegt wird.[11]

Die Verordnung einer Fortpflanzungspflicht war von vornherein unpraktikabel (und verstößt ohnehin gleich gegen alle Prinzipien, die im Westen zu Recht als heilig gelten). Die Theorie, aus der dieser reichlich obskure Vorschlag abgeleitet worden war, hinkte, schon als sie entstand, hinter aller Menschheitserfahrung zurück – schließlich wurde schon in biblischen Zeiten während fetter Jahre gesamtwirtschaftlich für magere Zeiten gespart und später entspart.[12]

Die Lehre von der Nutzlosigkeit der Rentenreserve war seinerzeit, als sie entwickelt wurde, schon falsch und ist auch unterdes nicht wahr geworden. Selbstverständlich kann auch ein ganzes Volk Vermögen bilden und später, wenn es überaltert ist oder nur müde, von diesem Vermögen zehren. Möglich ist das auf zweierlei Art:

▷ durch Sachinvestitionen im eigenen Lande, die später – wenn die Bevölkerung abnimmt und folglich auch nur noch einen kleineren Kapitalstock benötigt – langsam aufgebraucht werden. Denn die Rücklagen, die für die Substanzerhaltung des Sachkapitals eigentlich nötig wären, müssen später nicht mehr reinvestiert werden; sie können vielmehr konsumiert werden;
▷ durch Anlage im Ausland, durch Kapitalexport von heute, der später verzehrbare Rückflüsse bringt. Denn die Zinsen und die später rückfließenden Tilgungen würden dann – wenn die Deutschen alt sind – zu sozusagen vorweg schon bezahlten Importüberschüssen führen; das sind dann zusätzliche Güter, die von den vielen Alten hierzulande ohne steigende

Belastung der wenigen Jungen verzehrt werden könnten.

Daß dennoch niemals ernsthaft eine volle Deckung der sozialen Rentenansprüche durch Ersparnisse vorgeschlagen wurde, hat einen anderen Grund: Die Sozialversicherung würde – wenn sie eine Vollsicherung im Alter auf der Basis einer echten Kapitaldeckung bieten sollte – zur riesigsten monopolartigen Kapitalsammelstelle und damit zu einem Instrument der schleichenden Sozialisierung. Eine Sicherung der Alterseinkünfte durch Sparen setzt daher eine diversifizierte Altersvorsorge voraus, die ohnehin im Sinne der Risikostreuung vernünftiger wäre.[13]

Da nach den Antispartheorien, die von den Politikern so gerne geglaubt wurden, aber auch die Absicherung aller im Alter durch Privatversicherung und sonstige Rücklagen angeblich nicht möglich ist, war zum einen die Ausweitung der Zwangsversicherung auf alle und zum anderen deren Ruin mit der Verbreitung dieser Lehren auch schon vorgezeichnet. Im Grunde sind es diese Irrlehren gewesen, die erst eine ständige Anhebung des Beitragssatzes zur Rentenversicherung, dann einen steten Bedarf an Rentensanierungsprogrammen und nun den bald drohenden Kollaps der Altersversorgungssysteme hervorgerufen haben – genauer: Es ist die breite Akzeptanz, die diese Ideen im politischen Raume fanden und dort bis heute noch finden.

Keine andere gesellschaftswissenschaftliche Theorie ist von Politikern so schnell, so bereitwillig und so kritiklos aufgesogen worden wie die schon dem Augenschein und jeder Alltagserfahrung widersprechende Lehre, daß Sparen für die Altersversorgung nutzlos sei. Und seither regiert in der Rentenpolitik, die eigentlich an ganz langen Fristen orientiert sein müßte, nur noch das Hier und das Jetzt.

Stern, Markus

«Wir wollten Sie bitten, uns den Rentner der Zukunft zu züchten: Er muß mit zwei Scheiben Knäckebrot pro Tag auskommen!»

Seither läuft mit fast zwanghafter Gesetzmäßigkeit jene Entwicklung ab, die der Gesellschaftswissenschaftler Friedrich August von Hayek vor vielen Jahrzehnten schon als nahezu unausweichliche Folge einer solchen Organisation der Alterssicherung prognostiziert hatte: Renten würden dann mehr und mehr, so hatte von Hayek prophezeit, «nicht nur jenen gewährt, die durch ihre Beiträge einen Anspruch darauf erworben haben, sondern auch denjenigen, die noch nicht lange genug eingezahlt haben».

Diese «völlige Aufgabe des Versicherungscharakters»

müsse unausweichlich «das ganze System zu einem Werkzeug der Politik, zu einem Spielball für stimmenfangende Demagogen machen«.[14]

Und: «Man hofft zu Unrecht, daß irgendein objektiver Gerechtigkeitsmaßstab dem Ausmaß Grenzen setzen wird, in dem jene, die das privilegierte Alter erreicht haben, auch wenn sie noch arbeitsfähig sind, darauf bestehen können, von den noch Berufstätigen ‹angemessen› erhalten zu werden – die ihrerseits Trost nur in dem Gedanken finden werden, daß sie irgendwann, wenn sie im Verhältnis noch zahlreicher sind und entsprechend stärkere Wahlmacht besitzen werden, noch besser in der Lage seien, die noch Tätigen für ihre Bedürfnisse aufkommen zu lassen.»[15]

Schließlich: «Bei der Altersverteilung, der wir uns nähern, besteht kein Grund, daß die Mehrheit über Vierzig nicht bald versuchen sollte, die jüngeren Jahrgänge für sich arbeiten zu lassen.»[16]

Als diese bitterböse Prophezeiung publiziert wurde, im Jahr 1960, schienen die staatlichen Rentenversicherungssysteme überall auf der Welt noch leicht bezahlbar, noch heil, noch sicher zu sein – auch und gerade in Deutschland, wo kurz zuvor (1957) eine säkulare Rentenreform den Rentnern von einem Jahr auf das andere eine Einkommenssteigerung von 43 Prozent[17] und der CDU/CSU diesethalben die absolute Mehrheit bei der Wahl erbracht hatte.

Doch schon diese große Reform enthielt, wie die kleineren, die ihr folgten, eine Reihe von Komponenten, die das Alterssicherungssystem aushöhlen mußten; nicht sofort, aber auf Dauer. Denn falsche Maßnahmen entfalten ihre fatale Wirkung in allen wirtschaftlichen Bereichen und erst recht in der auf ganz lange Fristen angelegten Rentenversicherung, nur allmählich, am Ende aber durchaus mit einiger Wucht.

Da zugleich die Rentenhöhe immer mehr abgekoppelt wurde von der Höhe und der Dauer der vorangegangenen Beitragsleistung, wuchs nicht etwa die Dankbarkeit der Bürger gegen jene, die sie – wenn auch nicht aus eigenen Mitteln – so beschenkten. Im Gegenteil es wuchs heran, was nun im nachhinein «das Anspruchsdenken» heißt, wobei der wohl und selbst erworbene Anspruch nicht gemeint ist.

7

Der deutsche Traum

Versorgt wie ein Beamter?

Was man schon hat,
Macht nicht satt;
Man zählt und zählt,
Wieviel noch fehlt!

Jos. Sami Tauber

Je mehr die Renten aus den Sozialversicherungen stiegen, um so mehr rückte in das Bewußtsein, daß das alles noch viel zu wenig sein könnte – gemessen an jenem Status, der mit der Verbreiterung des Wohlfahrtsstaates wohl unausweichlich zum allgemeinen Ideal wird, gemessen also am Beamten-Status, genauer: an der Versorgung, die Beamten für die Zeit des Ruhestands zu winken pflegt.

Im Zentrum des Begehrens steht eine magische Prozentzahl: 75 Prozent des letzten erreichten Bruttogehalts als Pension, wie nach Beamtenrecht – das hätten alle gern; das ist unterdes der Gegenstand eines fast allgemeinen Neides. Zur Scheelsucht trägt noch bei, daß die Beamten während ihres Arbeitslebens keinerlei Beiträge oder Prämien für ihre spätere Alterssicherung entrichten müssen.

Ob den Sozialrentnern nicht auch ein ähnlicher Prozentsatz ihrer zuletzt bezogenen Erwerbseinkünfte wie den Beamten garantiert werden müßte, das beschäftigte zur Hoch-Zeit der Renten-Verteilungs-Euphorie jene Fraktion unter den Politikern und Sozialwissenschaftlern, die stets fahndet, ob irgendjemandem noch etwas zukommen müßte, und nie danach fragt, wer es bezahlen soll.[1] «Harmonisierung» der Alterssicherungssysteme», immer im Hinblick auf die für unangemessen gehaltene Diskrepanz zwischen Sozialrente und Beamtenpension wurde zu einem besonderen, eigenständigen Ziel der Sozialpolitik erhoben, mit dem sich ganze Ministerialstäbe und aufwendige Kommissionen über Jahre beschäftigten.[2]

Seit ruchbar ist, daß die sozialen Rentenversicherungen der Pleite entgegensteuern, werden die Beamten schließlich immer wieder als noch erschließbares Zahler-Potential vorgeschlagen. Da sie für ihre eigene Altersversorgung keine Prämien entrichten, sollten sie gezwungen werden, die Rentenversicherungen der anderen Erwerbstätigen mit Beiträgen zu alimentieren und zu sanieren. Darauf jedenfalls läuft hinaus, was manche Gewerkschafter und manche Sozialpolitiker unterdes fordern: daß nämlich den Beamten auch ein Altersversorgungsbeitrag, offiziell deklariert als Mitfinanzierung ihrer *eigenen* Pension, abgezogen werden soll. Denn dadurch – so argumentierte etwa der SPD-Sozialpolitiker Eugen Glombig – würden automatisch Mittel frei für einen höheren Bundeszuschuß an die Rentenversicherung.[3]

Woran sich unterdes so viele reiben, ist wirklich kein sehr neues, nun plötzlich sehr bedrängendes Problem. Im Gegenteil: Falls Unterschiede in der Relation von staatlicher Altersversorgung zu früherem Erwerbseinkommen für sich allein genommen schon als ein sozialer Mißstand anzusehen sind, so war dieser Mißstand früher sehr viel größer. Beamte erhielten schon Versorgung vom Staat, als alle anderen Bürger im Alter noch auf keinerlei öffentliche Hilfe – es sei denn die des Armenhauses – hoffen konnten. Die Beamtenversorgung heutigen Zuschnitts hat hierzulande ein lange Tradition. Sie reicht weit in jene Zeit zurück, in der die Deutschen noch nicht einmal zu einem nationalen Staat, geschweige denn zu einem einheitlichen Recht für Staatsdiener zusammengefunden hatten.

Schon lange vor der Gründung des deutschen Reiches im Jahre 1871 waren in den deutschen Einzelstaaten Gesetze entstanden, die den dort tätigen Beamten «Perpetuität» des einmal verliehenen «Dienerstandes» und folgerichtig auch den Lebensunterhalt für den Fall der «Quieszenz» zusicherten (so etwa das «Edict über die Verhältnisse der Staatsdiener vorzüglich in Beziehung auf ihren Stand und Gehalt» des Königreiches Bayern vom 26. Mai 1818). Es gab also für Beamte schon das, was man heute eine Versorgungszusage nennen würde (allerdings in der Regel nur für den Fall der Dienstunfähigkeit; das besagt: eine spezielle Altersgrenze gab es meist nicht).[4]

Als die Alters- und Invaliditätsversicherung der Arbeiter am 24. Mai 1889 vom Reichstag als letztes der großen in der Bismarck-Ära beschlossenen Sozialgesetze verabschiedet wurde, war die Beamtenversorgung schon fest etablierter Bestandteil der deutschen Bürokratie. Im Prinzip waren die heutigen Merkmale der Ruhestandsregelung für Beamte bereits altes Recht, als der Reichskanzler Otto von Bismarck «die konservativen Herren» des Reichstags in der letzten Parlamentsrede seiner Karriere beschwor, auch dem «gemeinen Mann» durch die Invaliditätsversicherung Aussicht auf ein Rentnerdasein zu verschaffen:

> «Wenn wir 700 000 kleine Rentner, die vom Reiche ihre Renten beziehen, haben, gerade in diesen Klassen, die sonst nicht viel zu verlieren haben und bei einer Veränderung irrtümlich glauben, daß sie viel gewinnen können, so halte ich das für einen außerordentlichen Vorteil.»

und:

«Die Leute sagen: Wenn der Staat zu Schaden geht, dann verliere ich meine Rente; . . . wenn sie auch nur 115 bis 200 Mark zu verlieren haben, so erhält sie doch das Metall in ihrer Schwimmkraft.»[5]

Die 115 bis 200 Mark *im Jahr,* die da als Rentenbetrag in Rede standen, waren wirklich nur «subsidiär», konnten nur als Zuschuß gelten zu einem ansonsten durch die Familie oder durch weitere Erwerbsarbeit aufzubringendem Alterseinkommen; denn sie erreichten nur einen kleinen Bruchteil des damals üblichen ohnehin kargen Lohns, der an der Wende der achtziger zu den neunziger Jahren des vergangenen Jahrhunderts in Industrie und Handwerk zwischen 500 Mark (in der Textilindustrie) und gut 1300 Mark (bei den Druckern) im Jahr betrug. Der Durchschnitt lag bei gut 700 Mark jährlich.[6]

Für Beamte dagegen galt seinerzeit schon – wie heute – die Regel, daß das zuletzt bezogene Gehalt und die Länge der Dienstzeit die Höhe der Pension bestimmte. Der höchstmögliche Anteilssatz vom Gehalt, der als Ruhestands-Bezug gewährt wurde, lag bereits damals, während des letzten Drittels des vergangenen Jahrhunderts, für Reichsbeamte und für preußische Landesbeamte wie heute generell bei 75 Prozent. Bayern gewährte damals seinen Dienern sogar bis zu 90 Prozent, das Königreich Sachsen den Seinen 80 Prozent des zuletzt bezogenen Gehaltes.[7]

Für sich genommen ist sicher schon allein das Faktum sehr bemerkenswert, daß das Beamtenrecht inklusive der Versorgung mehrere Wechsel der Regierungsformen, Kriege, Revolutionsgelüste so unbeschädigt überdauert hat: Zeichen dafür, daß eine einmal eingespielte moderne Bürokratie von «objektiver Unentbehrlichkeit» ist – wie Max Weber einmal schrieb[8] – und daß deshalb kein noch so neues Regime es je wagte, die Dienstbereitschaft des Apparates durch Eingriffe in den Besitzstand allzu sehr zu strapazieren.

Fast noch bemerkenswerter ist freilich, in welchem Ausmaß sich die staatliche Altersversorgung für die normalen Bürger außerhalb des Staatsdienstes dem Standard der Beamten mittlerweile angenähert hat: Zwar garantiert die soziale Rentenversicherung, anders als die Beamtenversorgung, bis heute niemandem einen bestimmten, gar noch einen sehr hohen Prozentsatz seines zuletzt bezogenen Einkommens. Das kann sie auch nicht, solange wenigstens ein leiser Anklang an das Versicherungsprinzip aufrechterhalten werden soll – und solange eine Beitragsbemessungsgrenze existiert, die alle darüber liegenden Einkommensteile von der Rentenabgabe freistellt und die deshalb auch völlig folgerichtig «mittelbar als Leistungsbemessungsgrenze» wirkt.[9]

Aber faktisch erhalten die meisten Altersrentner heute aus den staatlichen Rentenkassen einen Betrag, der einen sehr stattlichen Prozentsatz ihres letzten Lohns erreicht. Das gilt jedenfalls für solche Rentner oder Rentenanwärter, die mindestens 35 Versicherungsjahre vorweisen können – also soviele wie auch Beamte mindestens an Dienstjahren für das Erreichen der Höchstpension haben müssen. Nach einer Untersuchung des Verbandes Deutscher Rentenversicherungsträger erreichten männliche Arbeiter, die 1984 ein Altersruhegeld beantragt hatten und mindestens 35 Versicherungsjahre vorweisen konnten, eine monatliche Rente, die im Durchschnitt 52 Prozent ihres zuletzt bezogenen Bruttomonatsgehaltes entsprach. Frauen mit mehr als 35 Versicherungsjahren, die gleichfalls 1984 eine Rente bei der Arbeiterrentenversicherung begehrt und erhalten hatten, kamen sogar auf 53 Prozent ihres zuletzt bezogenen Bruttomonatsentgelts.

Da die Sozialrente anders als das zuvor bezogene

Erwerbseinkommen faktisch steuerfrei ist, sieht das sogenannte «Nettorentenzugangsniveau» noch weit besser aus: Im Durchschnitt erbrachte die (Netto-)rente bei den männlichen Arbeiterrentnern eine Summe, die 71 Prozent ihres zuletzt erzielten Nettogehalts entsprach. Bei den weiblichen Arbeiterrentnern machte die Nettorente sogar 73 Prozent des zuletzt verdienten Nettoentgelts aus.[10]

Sehr weit sind die Sozialrentner damit nicht mehr von den allseits beneideten Ruhestands-Sätzen der Beamten entfernt. Das Bruttopensionsniveau (der Anteilsatz der Bruttopension an den letzten Bruttobezügen) ist mit 75 Prozent als höchstmöglichem Satz zwar erheblich höher als das «Bruttorentenzugangsniveau» mit seinen guten 50 Prozent: Aber Beamtenpensionen unterliegen – da sie nicht aus zuvor versteuerten Beiträgen angesammelt wurden – der normalen Besteuerung; lediglich ein zusätzlicher Versorgungsfreibetrag von höchstens 4800 Mark im Jahr ist dem Zugriff des Fiskus entzogen.[11] Sozialrenten, die zwar wenigstens teilweise auf Beiträgen, aber in der Regel auf größtenteils unversteuerten beruhen[12], werden dagegen völlig ungerechtfertigt wie «Leibrenten» besteuert, wie Bezüge aus einem verzinslich angelegten Kapital, das seinerseits aus zuvor versteuertem Einkommen angespart wurde; das heißt: nur ihr sogenannter «Ertragsanteil» wird vom Fiskus belastet, was bedeutet, daß Sozialrenten bei 65jährigen (verheiratet, nur ein Einkommensbezieher) bis zur stolzen Höhe von gut 47000 Mark steuerfrei sind.[13]

Dieser Netto-Vergleich zeigt deshalb nur noch eine bescheidene Spanne zugunsten der Beamten. Das Nettopensionsniveau, der Anteil also am zuletzt erreichten Nettoverdienst, den der Beamte als Ruhestands-Einkommen nach mindestens 35jähriger Dienstzeit erreicht, liegt bei maximal 80 bis 85 Prozent – nicht mehr sehr hoch über den rund 70 Prozent, die dem normalen Sozialrentner winken.

Eine Gruppe unter den Beschäftigten in der Privatwirtschaft kommt freilich mit der Sozialrente nicht im entferntesten so nahe an ihr letztes Erwerbseinkommen heran. Das sind jene, die vor Eintritt in den Ruhestand (und auch in den Jahren und Jahrzenten zuvor) Gehälter verdienten, die oberhalb oder sogar weit oberhalb der Beitragsbemessungsgrenze der Rentenversicherung lagen. Diese Minderheit, die 1983 nach den Ermittlungen der Rentenversicherungen nur 2,84 Prozent der Pflichtversicherten und damit praktisch aller abhängig Beschäftigten stellte,[14] muß damit rechnen, daß die Sozialrente nur die Hälfte oder einen noch weitaus kleineren Teil des zuvor gewohnten (Netto-)einkommens ausmacht – und zwar einen umso geringeren, je weiter der gewohnte Nettoverdienst oberhalb der Beitragsbemessungsgrenze liegt. Ob dieser Umstand wirklich zu Betrachtungen über die Ungerechtigkeit der Welt nötigt, sei allerdings dahingestellt.

Ohnehin besagt ein Vergleich der sogenannten «Versorgungsniveaus» (eine der vielen menschenfeindlichen Vokabeln aus der Spezial-Prosa der Sozialpolitiker) nicht viel.

Aus der unterschiedlichen oder auch gleichen Relation einer vom Staat gewährten Altersversorgung zum jeweils früheren Erwerbseinkommen lassen sich keinerlei Aussagen darüber herleiten, ob in der Gesellschaft Gerechtigkeit herrscht, und auch nicht darüber, ob die einen besser, die anderen schlechter dastehen im Leben.

So sagt der Prozentsatz, den das vom Staat verteilte Altersgeld am zuletzt verdienten Erwerbseinkommen erreicht, allein nichts aus über die absolute Höhe der Pensionen und der Renten: Schließlich kann auch ein sehr hoher Prozentsatz von einem mageren Endgehalt relativ niedrige Altersbezüge ergeben – und umgekehrt. Was bei den Diskussionen um angeblich allzu verschiedene Bemessung der Altersbezüge selten erwähnt wird, ist dies: Abgesehen vom Schuldienst, wo ein übergroßer Andrang signalisiert, daß die dort gebotenen Verdienste und sonstigen Arbeitsbedingungen allzu üppig ausgestaltet wurden, sind zumindest die Brutto-Erwerbseinkommen der Beamten, an denen sich ihre Pension bemißt, häufig niedriger als die Löhne und Gehälter, die für vergleichbare Tätigkeiten oder Positionen in der freien Wirtschaft gezahlt werden.

Dies gilt jedenfalls ganz ausgeprägt für die unteren und mittleren Besoldungsgruppen des öffentlichen Dienstes: Die monatlichen Brutto-Grundgehälter von Beamten der Besoldungsgruppen A1 bis A5 lagen in der höchsterreichbaren Dienstaltersstufe (inklusive Ortszuschlag für Verheiratete mit einem Kind) 1984 unterhalb der rund 2509 Mark, die in der Industrie durchschnittlich für männliche Hilfsarbeiter im Monat gezahlt wurden.[15]

Dabei ist nachzutragen: Schon in der Besoldungs-Gruppe A4 (Gehalt in der höchsten Dienstaltersstufe inklusive Ortszuschlag für Verheiratete mit einem Kind: 1984 waren das 2301,50 Mark im Monat) sind Beamte eingruppiert, die weit mehr Verantwortung zu tragen und auch meist eine qualifiziertere Ausbildung vorzuweisen haben als Hilfsarbeiter in der Industrie: Es sind die Hauptaufseher im Strafvollzug, die Hauptwachtmeister bei der Polizei, die Betriebs- und Amtsmeister im öffentlichen Bereich; die Hauptschaffner und Triebwagenführer bei der Bundesbahn; die Hauptgefreiten in der Armee. Ein Teil dieser Beamten erhält zwar generell oder bei besonderem Einsatz eine Stellenzulage von meist 200 bis 250 Mark monatlich, liegt damit aber immer noch nahe am Hilfsarbeiterlohn.[16]

Die noch zu versteuernde Pension, die diese Beamtengruppen derzeit nach mindestens 35 Dienstjahren erwartet, liegt bei rund 1700 Mark *brutto* im Monat (allerdings 13 mal im Jahr) – damit nicht außerhalb dessen, was ein langjährig in der Privatwirtschaft beschäftigter Arbeitnehmer an Sozialrente erreichen kann.[17]

Zum weiteren haben jene Rentner, die zuvor in der privaten Wirtschaft beschäftigt waren, anders als Beamte, häufig eine Zusatzversorgung aus ihrem Betrieb: Nach einer Befragung, die das Institut «Infratest Sozialforschung» im Jahr 1982 unter 66jährigen Sozialrentnern durchführte, erhielten annähernd die Hälfte aller zuvor in der Privatwirtschaft tätigen männlichen Arbeitnehmer eine betriebliche Zusatzversorgung. Ehemalige Arbeiter bezogen eine durchschnittliche Betriebsrente von rund 150 Mark im Monat, frühere Angestellte kamen auf durchschnittlich 550 Mark an monatlichem Zubrot aus einer betrieblichen Altersversorgung.[18]

Zu alldem kommt noch hinzu: Das Alterseinkommen, auf das sich der Sozialneid derzeit so sehr fixiert, ist grundsätzlich ein völlig ungeeigneter Maßstab für Untersuchungen, ob einzelne oder Gruppen zu gut, andere dagegen zu schlecht bedacht wurden.

Alle jene, die sich daran reiben, daß andere im Alter ein absolut höheres Einkommen ohne Arbeit erzielen als sie selber oder auch nur einen höheren Prozentsatz ihres früheren Erwerbsverdienstes nun in Gestalt einer Rente einstreichen, übersehen stets geflissentlich dies: Das Alterseinkommen ist schließlich nur ein Teil des Lebenseinkommens; wenn der Staat die Altersversorgungssysteme nicht zu einem Ausbeutungsinstrument entgleisen läßt, das den Alten die Möglichkeit bietet, die Jungen zu schröpfen, ist das Alterseinkommen tatsächlich auch nur ein Teil des jeweiligen individuellen Erwerbseinkommens – jener Teil, der zu Lasten des Konsumstandards während der aktiven Jahre in die Zeit des Ruhestandes transferiert wurde.

Relativ hohe Alterseinkünfte bei den einen Bürgern und relativ niedrige bei anderen spiegeln deshalb häufig nur das wider, was die Ökonomen eine «unterschiedliche individuelle Zeitpräferenz» zu nennen pflegen: Die Bürger kommen beim Abwägen zwischen heutigen und künftigen Bedürfnissen, zwischen Augenblickskonsum in der Zeit der Erwerbstätigkeit und Vorsorge für das Alter zu durchaus sehr unterschiedlichen Ergebnissen.

Das gilt freilich ganz generell für alle und jeden. Bei den unterschiedlichen Altersversorgungs-Sätzen, die von der staatlichen Rentenversicherung auf der einen Seite und von der Beamtenversorgung auf der anderen geboten werden, spielt noch ein anderes Moment hinein. Die Philosophie, auf der die beiden Versorgungssysteme ruhen, ist durch und durch verschieden.

In dem einen Fall werden freie Bürger mit Hoheitsgewalt zu einer Versicherungsmitgliedschaft – der Intention nach also zur Selbstvorsorge – gezwungen. Im anderen Fall werden «Diener» lebenslänglich «versorgt».

Der Unterschied wurde längst verdrängt. Längst vergessen wurde, warum der Staat auch die Altersvorsorge derer, die nicht seine Diener sind, mit übernahm.

Daß der Staat die Altersvorsorge (oder die Krankenversicherung) für Arbeiter und später auch für Angestellte der Privatwirtschaft organisierte, war nicht – wie heute zuweilen behauptet wird – eine dringend notwendige Reform, um die Auswüchse des Frühkapitalismus zu bändigen und so das System zu sichern. Immerhin existierte das privatkapitalistische System in den USA bis weit in das 20. Jahrhundert hinein ohne staatliche Zwangsversicherungen.[19] Und dennoch sind die Arbeitnehmer dort während dieser Zeit nicht wegen mangelnder staatlicher Fürsorge verelendet.

Nicht systemimmanente Notwendigkeit, sondern Anmaßung brachte den Staat in die Verantwortung für die Altersvorsorge der Bürger. Es war die nicht gerade liberale, nicht am Bild vom mündigen Bürger orientierte, sondern durch und durch paternalistische Sorge, vor allem die abhängig Beschäftigten könnten zu kurzsichtig und zu leichtsinnig nur für den Augenblick leben, die zur Zwangsversicherung für das Alter führte. Typisch hierfür ist das Argument, mit dem die Initiatoren der Rentenversicherung es ablehnten, den Arbeitern die Altersversorung eventuell auch als Kapitalsumme bei Ruhestandsbeginn auszuzahlen. Das empfehle sich, so hieß es in der Vorlage zur Alters- und Invaliditäsversicherung vom 22. November 1888,

> «schon um deswillen nicht, weil sich keine ausreichende Vorsorge dagegen treffen läßt, daß das Kapital zweckwidrig verwendet oder vergeudet, dadurch aber der Zweck der Versicherung, für den Lebensabend eine sichere, vor der Armenpflege bewahrende Einnahme zu gewährleisten, hinfällig gemacht wird.»[20]

Dabei war die Gruppe, für die die staatliche Rentenversicherung zunächst aufgebaut wurde, die Fabrikarbeiterschaft, «nach der Meinung auch vieler Mitlebender nicht der ärmste und bedrohteste Stand seiner Zeit.»[21] (Das waren eher die Landarbeiter). Sie war auch nicht so bar jeden Selbstbewußtseins, daß sie der paternalistischen Leitung ihrer eigenen Angelegenheiten bedurft hätte.

Aber sie war die erste größere Gruppe aus der Unterschicht, die der Bedrückung und der – die Altersversorgung einschließenden – Behütung durch den Gesindevertrag in ein freies Arbeitsverhältnis entkommen war. Individuelle oder frei vereinbarte genossenschaftliche Vorsorge wurde ihr – obwohl es längst vor den Bismarckschen Reformen Ansätze dazu gab[22] – nicht zugetraut (oder als politisch gefährlich erachtet). Die Rentenversicherung entstand daher allenthalben in Form «erzwungenen Sparens der Arbeiter für Notstände und Alter»[23], als eine Art hoheitlich erzwungener Selbstabsicherung also gegen jene Fährnisse, die der *freie* Arbeitsvertrag im Vergleich zum Gesindevertrag zu beinhalten schien.

Jene Freiheit, die von Sozialpolitikern notorisch als gefährlich erachtet wird, gab es und gibt es bis heute für Beamte nicht. Auch in einer modernen Staatsbürokratie werde der Anstellungskontrakt des Beamten, so hatte Max Weber festgehalten, nicht angesehen «wie ein beliebiger privatrechtlicher Vertrag, sondern als Akt der Unterwerfung des Beamten unter die Dienstgewalt«.[24]

Anders als der Arbeitnehmer in Industrie und Gewerbe, den der Kapitalismus zum «Eigentümer ...seiner Person» (Karl Marx) machte[25], also emanzipierte, ist der Beamte im Grunde Gesinde geblieben: mit Treuepflichten auf seiner Seite, mit einem Disziplinarrecht und Fürsorgepflichten auf seiten seines «Dienstherrn», wie sein Arbeitgeber bezeichnenderweise bis heute heißt. Gemäß dieser Fürsorgepflichten wird nicht ein frei ausgehandeltes, an Leistung und Arbeitsmarktlage orientiertes Entgelt bezahlt; es wird «Alimentation», Unterhalt also, gewährt, und dies lebenslänglich. Beamte kontrahieren anders als privatrechtlich beschäftigte Arbeitnehmer von vornherein ein Lebenseinkommen, das die Altersversorgung mit umschließt. Soweit allein diese Versorgungszusagen «und daneben das in der sozialen Schätzung liegende Entgelt» eine «meist verhältnismäßig niedrige» Bemessung des Gehalts verstatten, das den Beamten während ihrer aktiven Zeit bezahlt wird, wie Max Weber bereits vermutete[26], soweit bezahlen die öffentlichen Diener ihre Pension im Vorwege sozusagen durch Lohnverzichte selbst.

Nur wenn dem nicht so wäre, hätten Beamte bei der

Altersversorgung einen Vorteil. Aufschluß darüber, ob die beamteten öffentlichen Diener wirklich Privilegien für die Zeit des Ruhestands genießen, kann folglich nur ein Vergleich ihres gesamten Lebenseinkommens mit dem von privatwirtschaftlich Beschäftigten mit ähnlicher Ausbildung und Stellung geben.

Konkreter: Was ein Bürger eines bestimmten Ausbildungsstandes etwa als «Angelernter», «Facharbeiter» oder «Meister», in der Privatwirtschaft abzüglich der Sozialversicherungsbeiträge aber inklusive der Sozialrente an Lebenseinkommen einstreicht, muß verglichen werden mit dem, was er im öffentlichen Dienst hätte erzielen können, inklusive der Pension und in Anbetracht des Faktums, daß er dort keine Sozialbeiträge zu bezahlen, aber seine Ruhestandsbezüge zu versteuern hat. Damit die steuerbegünstigte Rente vergleichbar ist mit der zu versteuernden Pension, muß der Rentenbetrag hochgerechnet werden auf die Bruttosumme, die der Sozialrentner erhalten müßte, wenn er bei voller Steuerpflicht netto genauso gestellt sein sollte wie jetzt.

Vergleiche dieser Sorte anhand historischer Verdienst-Statistiken widerlegen das gern gehegte Vorurteil, daß Beamte allein durch die Versorgungszusagen einen Reibach machen. Vor allem für Bürger mit jenen Qualifikationen, die für die deutsche Arbeitnehmerschaft typisch sind und die Stärke der deutschen Volkswirtschaft ausmachen, ist der frühe Eintritt in den Beamtenstand bislang trotz der guten Pension keine besser dotierte Alternative.

Das um die Beiträge zur Renten- und Arbeitslosenversicherung gekürzte Erwerbseinkommen samt der um den Steuervorteil bereinigten Sozialrente eines Facharbeiters in der Industrie, der Anfang 1922 geboren wurde und mit 60 Jahren in den Ruhestand ging, hatte zum Zeitpunkt der Pensionierung einen sogenannten «Barwert»

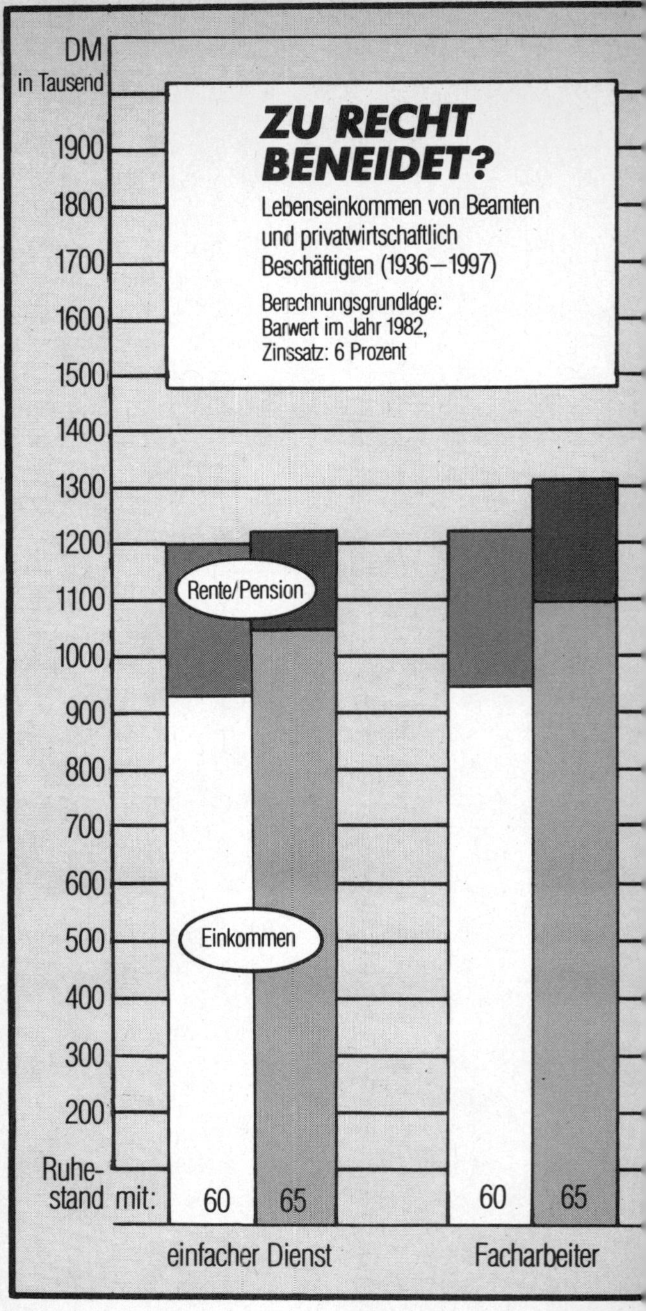
DM
in Tausend
ZU RECHT
BENEIDET?
Lebenseinkommen von Beamten
und privatwirtschaftlich
Beschäftigten (1936–1997)
Berechnungsgrundlage:
Barwert im Jahr 1982,
Zinssatz: 6 Prozent
1900
1800
1700
1600
1500
1400
1300
1200
1100
1000
900
800
700
600
500
400
300
200
Rente/Pension
Einkommen
Ruhe-
stand mit:
60
65
60
65
einfacher Dienst
Facharbeiter

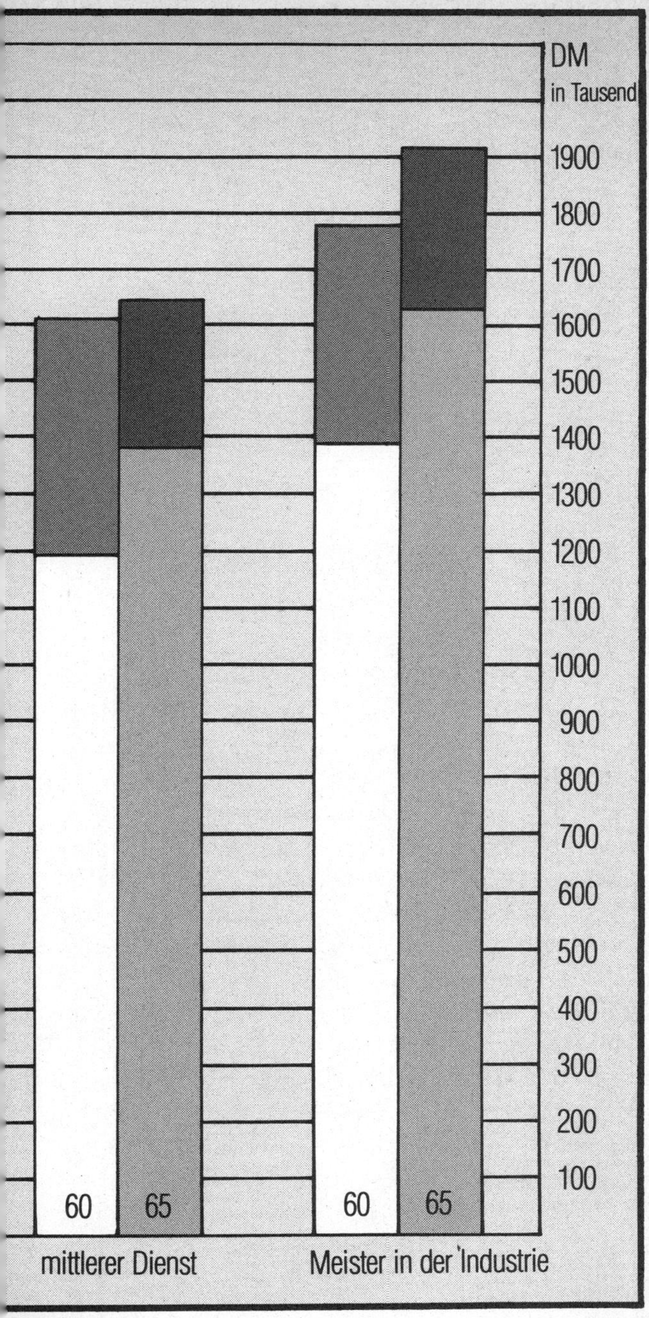

DM
in Tausend
1900
1800
1700
1600
1500
1400
1300
1200
1100
1000
900
800
700
600
500
400
300
200
100
60
65
60
65
mittlerer Dienst
Meister in der Industrie

von rund 1,22 Millionen Mark. Das heißt: Ein Vermögen dieser Größenordnung wäre vorhanden, wenn der Arbeiter seinen vollen Lohn immer verzinslich (angenommen sind hier sechs Prozent per annum) angelegt hätte und zusätzlich dazu den (ebenfalls mit sechs Prozent) *abgezinsten* Kapitalwert, den seine Rente angesichts seiner Lebenserwartung hat, ausgezahlt erhielte.

Die um den Steuervorteil bereinigte Rente hat dabei allein einen Barwert von rund 277000 Mark. Bei Ruhestandsbeginn lag ihr absoluter Betrag bei 21250 Mark (brutto) im Jahr. (Zur Berechnungsmethode, zu den zugrunde gelegten Annahmen, zur Herkunft der Daten für diese und die folgenden Angaben siehe Anhang Seite 185.)

Bei einer Verrentung erst mit 65 Jahren würde das Lebenseinkommen eines solchen Facharbeiters auf rund 1,3 Millionen Mark ansteigen: Der Zuwachs für fünf Jahre Mehrarbeit ist deshalb nicht größer, weil ein Teil des erarbeiteten Mehrlohns kompensiert wird durch einen – infolge der verkürzten Rentenlaufzeiten – erheblichen abgesenkten Barwert der Rente (siehe Grafik Seite 118/119).

Im Vergleich zu diesem durchschnittlichen Facharbeiter, der von Beginn bis Ende seiner Karriere in der Industrie beschäftigt war, ist ein Kollege mit gleicher Qualifikation, der frühzeitig in den beamteten öffentlichen Dienst eintrat, selbst bei sehr rascher Beförderung, zumindest ein wenig schlechter gefahren. Er wäre dort im Bereich des «einfachen Dienstes» eingruppiert worden. Nur bei schnellstmöglicher Beförderung (siehe Anhang Seite 185) in die dort höchsterreichbare Besoldungsgruppe käme der Barwert seines gesamten Lebenseinkommens bei Pensionierung mit 60 Jahren auf knapp unter 1,2 Millionen Mark; die Pension allein, die im ersten Ruhestandsjahr knapp 20700 Mark beträgt, erreicht einen gesamten Barwert von rund 267 000 Mark. Die Gesamtsumme aus Erwerbs- und Pensionseinkommen macht gut zwei Prozent weniger aus als der durchschnittliche Industriefacharbeiter bezieht. Der Unterschied erweitert sich auf gut sieben Prozent zugunsten des privatwirtschaftlich Beschäftigten, wenn beide, der öffentliche Diener und der Industriearbeiter, erst mit 65 Jahren in den Ruhestand gehen.

Bemerkenswert ist dabei immerhin, daß die Ruhestandsbezüge eines Beamten, der aus der höchsten Besoldungsgruppe des einfachen Dienstes heraus pensioniert wird, sowohl bei Ruhestandsbeginn mit 60 wie erst recht mit 65 Jahren *unter* den Sätzen liegt, den die (bereinigte) Sozialrente eines Facharbeiters erreicht. (Zum Vergleich von Lebenseinkommen der Beamten im einfachen Dienst mit dem angelernten und ungelernten Industriearbeiter siehe Anhang Seite 185.)

Bei der Facharbeiter-Elite, den Meistern, zeigt der Vergleich allein der Renten auf der einen Seite und der Pensionen auf der anderen Seite das umgekehrte Bild.

Die Meistergehälter in Industrie und Gewerbe lagen während der Vergangenheit in der Regel in der Nähe der Beitragsbemessungsgrenze zur Rentenversicherung, teilweise auch darüber. Ihre Rente kommt daher dem Maximalbetrag nahe, der aus der sozialen Rentenversicherung zu erhalten ist. Ihr um den Steuervorteil bereinigter Betrag lag am Beginn der Verrentung (mit 60 Jahren) knapp unter 30 000 Mark, ihr gesamter Barwert bei knapp 390 000 Mark.

Die Pension eines gleich qualifizierten und gleichaltrigen Mannes, der in den «mittleren Dienst» des Staates als Beamter eingetreten und zur gleichen Zeit aus der dort höchsterreichbaren Position (A9 mit Zulage) in den Ruhestand ging, ist erheblich höher: Sie lag am Beginn des Ruhestands bei gut 32 000 Mark im Jahr brutto; ihr abgezinster Kapitalwert (der Barwert) betrug 414 400 Mark – damit 6,6 Prozent mehr als die um ihren Steuervorteil bereinigte Sozialrente.

Aufs ganze gesehen ist die Beschäftigung in Industrie und Gewerbe für Meister dennoch profitabler als im öffentlichen Dienst gewesen: Das höhere Erwerbseinkommen dort machte die etwas niedrigere Sozialrente mehr als wett. Der Barwert des gesamten Lebenseinkommens eines Meisters in der Industrie lag bei Verrentung mit 60 Jahren um elf Prozent über dem, den ein gleich qualifizierter Mann bei schnellstmöglicher Beförderung im öffentlichen Dienst inklusive seiner höheren Pension erreichen konnte.

Ein Skandalon des öffentlichen Versorgungsrechts zeigen die Zahlen immerhin auf: Der Anreiz, sich sehr früh pensionieren zu lassen, ist für Beamte außergewöhnlich groß. Wenn ein Beamter des einfachen Dienstes sich erst mit 65 statt mit 60 Jahren pensionieren läßt, bringen ihm diese fünf Jahre Mehrarbeit nur einen zusätzlichen Barwert von 22 000 Mark, nur eine Steigerung seines Lebenseinkommens um 1,8 Prozent.

Dem rentenversicherungspflichtigen Facharbeiter brächten fünf Jahre Mehrarbeit, das ist eine Verlängerung seines Arbeitslebens um elf Prozent, auch nur ein um sieben Prozent erhöhtes Lebenseinkommen ein. Das macht die Frühpensionierung auch schon reichlich attraktiv, aber nicht in gleichem Maße wie bei dem Beamten.

Der Verdacht allerdings, daß die Beamten durch ihre Pensionen generell zu gutgestellt sind, ist kaum belegbar – jedenfalls nicht in den Bereichen des öffentlichen Dienstes, der für die Masse der deutschen Arbeitnehmer vergleichbare Positionen bietet.

Der Neid auf die Beamten ist freilich auch nicht vorzugsweise bei den Facharbeitern oder der Facharbeiter-elite heimisch. Scheelsüchtig sind weit mehr die privatwirtschaftlich beschäftigten Träger weißer Kragen und Besitzer von Bildungszertifikaten – schon deshalb, weil diese Bildungszertifikate in Industrie und Gewerbe nicht wie beim Staat von vornherein den Eintritt in eine gehobene oder höhere Laufbahn mit «angemessenem» Gehalt und garantiertem Gehaltsabstand gegen die Nichtbesitzer solcher Berechtigungsscheine garantieren.

Politiker, die verkünden, «die privilegierte Altersversorung der Beamten ohne eigene Betragsleistung» sei vor allem und eigentlich auch nur «bei den *oberen* Besoldungsgruppen ein sozialpolitisches Ärgernis»[27], können auf viel Beifall vor allem beim akademisierten Mittelmanagement in Industrie und Gewerbe rechnen. Nur: Auch bei den Beamten der «gehobenen» (Voraussetzung: Abitur oder vergleichbarer Abschluß) und «höheren» Laufbahn (Voraussetzung: abgeschlossenes Hochschulstudium) kann nicht allein deren Pension nur mit der Sozialrente verglichen werden, die einem privatwirtschaftlich beschäftigtem Bürger von ähnlicher Qualifikation winkt. Auch in diesem Bereich läßt sich nur durch einen Vergleich der Lebenseinkommen abmessen, wer denn das bessere Los gezogen habe.

Der «Verein Deutscher Ingenieure» (VDI) hat einen solchen Vergleich der Lebenseinkommen, allerdings nur der lebenslänglichen Erwerbseinkommen, von Beamten der gehobenen und höheren Laufbahn mit den Lebensverdiensten gleich qualifizierter Arbeitnehmer aus der Privatwirtschaft angestellt.[28] Verglichen wurde jeweils die Streubreite der Lebensverdienste von beamteten graduierten Ingenieuren – beim Staat: im «gehobenen Dienst» – und von beamteten Diplomingenieuren – beim Staat: «höherer Dienst» – mit der Streubreite der Einkommen von privatwirtschaftlich beschäftigten Ingenieuren.

Die VDI-Untersuchung ist keine Längsschnittuntersuchung wie sie hier anhand historischer Daten für den einfachen und mittleren Dienst versucht wurde, sondern eine Querschnittsanalyse. Das heißt: Es wurde durch eine Befragung ermittelt, was Ingenieure unterschiedlicher Altersklassen im gleichen Jahr – hier im Jahr 1982 – in der Privatwirtschaft und beim Staat verdienten.

Die Ergebnisse: Bei den Diplom-Ingenieuren und noch mehr bei den graduierten Ingenieuren sind die Erwerbseinkommen der privatwirtschaftlich Beschäftigten weitaus breiter gestreut und auch in den meisten Fällen weit höher als die der im öffentlichen Dienst Tätigen. Für das Alter, so die VDI-Untersuchung, seien zwar 80 Prozent der privatwirtschaftlich Beschäftigten durch eine betriebliche Altersversorgung zusätzlich gesichert. Um den Lebensstandard im Ruhestand aufrechtzuerhalten, sei bei den meisten «jedoch auch noch eine private Vorsorge erforderlich, deren Aufbau das Aktiveinkommen, im Gegensatz zur Situation der im öffentlichen Dienst Tätigen, belastet«.[29]

Diese Belastung können die meisten allerdings leicht ertragen. Das oberste Viertel der Ingenieure in der Privatwirtschaft liegt nach den VDI-Ermittlungen ohnehin weit über den Beamten. Doch selbst das Medianeinkommen (der häufigst genannte Wert) vor allem von graduierten Ingenieuren in Industrie und Gewerbe übersteigt selbst die höchstmöglichen Gehälter ihrer beamteten Kollegen in allen Altersstufen beträchtlich. Nur das unterste, am schlechtesten verdienende Viertel der graduierten Ingenieure mit normalem Arbeitsvertrag liegt mit dem Gehalt der beamteten Berufskollegen auf gleicher Höhe, in einigen Altersstufen sogar ein wenig darunter.

Doch daraus ist nun gewiß nicht auf eine unangemessene Privilegierung der Beamten zu schließen. Allerdings zeigen die Zahlen auch nicht etwa einen «Besoldungsrückstand» der Beamten auf. Ohnehin gilt, wie der Sachverständigenrat zur Begutachtung der gesamtwirtschaftlichen Entwicklung einmal schrieb, «daß die Beamtengehälter im öffentlichen Dienst nicht in einer festen Relation zur durchschnittlichen Einkommensentwicklung in der Gesamtwirtschaft stehen müssen«.[31] Und: «Ökonomisch betrachtet, das heißt ohne Rücksicht auf Fragen der ‹Angemessenheit› muß jeder Bereich – und das gilt auch für den Staat – die Möglichkeit haben, seine Nachfrage nach fachlich geeigneten Kräften mit solchen Gehaltsangeboten zu verbinden, die ihm im Wettbewerb auf dem Arbeitsmarkt erlauben, die relative Dringlichkeit seines Bedarfs geltend zu machen.»[32]

Maßstab für ein nüchternes und objektives Urteil darüber, ob die Einkommen der Beamten inklusive der Altersversorgung zu hoch oder zu niedrig sind, kann deshalb nur das Ausmaß sein, in dem sich Bürger durch diese Gehalts- und Versorgungsangebote angezogen fühlen. Wenn sich – wie bei den Lehrern – weit mehr als benötigt werden durch die gebotenen Lebenseinkommen inklusive der Altersversorgungschancen angelockt fühlen, kauft der Staat seine Diener zu teuer ein.

In anderen Bereichen des Staates mag es aber durchaus auch sein, daß die Besoldungsangebote trotz der stolzen Pension nicht ausreichen, um Personal von hinreichender *Qualität* anzulocken.

Ein Ärgernis allerdings existiert im Bereich der Altersversorgung des öffentlichen Dienstes. Nur: Es betrifft nicht die Beamten, sondern die Arbeiter und Angestellten im Staats-Sold. Sie sind anders als die Beamten rentenversicherungspflichtig. Sie beziehen folglich im Alter eine Sozialrente, die aber durch die für sie beitragsfreie «Zusatzversorgung des öffentlichen Dienstes» aufgestockt wird – und zwar soweit, daß das gesamte Alterseinkommen aus öffentlichen Kassen

75 Prozent des durchschnittlichen Brutto-Verdienstes während der letzten drei Erwerbsjahre erreicht.

Diese Zusatzversorgung, die die nichtbeamteten Staatsdiener mit den Beamten auf pari bringen soll, ist anders als die Beamtenpension nicht dem Fiskus unterworfen. Sie ist genauso steuerbegünstigt wie die Sozialrente. Und wegen dieser völlig unbegründeten und auch ungerechten fiskalischen Privilegierung erreichen diese nichtbeamteten öffentlichen Diener das höchste «Versorgungsniveau» in der Republik – ein so hohes, daß die Sozialpolitiker gelegentlich von «Überversorgung» sprechen; denn bis vor kurzem überstieg die Gesamtrente der Arbeiter und Angestellten im öffentlichen Dienst ihr zuvor bezogenes Netto-Entgelt.

Nach den unterdes geltenden Regeln wird die Zusatzversorgung auf 90 Prozent eines «fiktiven Nettoentgelts» begrenzt, also so bemessen, daß das Steuerprivileg nicht mehr ganz so deutlich und ganz so aufreizend zutage tritt.

Was auf Dauer freilich weitaus störender ist als die Pensionshöhe des einzelnen Beamten oder nichtbeamteten öffentlichen Dieners, ist die immens gestiegene Zahl derer, die künftig auf diese Art aus öffentlichen Mitteln im Alter versorgt werden sollen. Allein von 1970 bis 1980 ist die Zahl der öffentlichen Diener um rund 25 Prozent gestiegen.[33] Nach der Jahrtausendwende, wenn dieser Schub an zusätzlichen (und im Zweifel von vornherein überflüssigen) öffentlichen Dienern in Pension geht, könnten allein deshalb Steuererhöhungen fällig werden. Sie kämen zu den drohenden Beitragssteigerungen für die Rentenversicherung noch hinzu.

8

Die Verlängerung des Lebens

Versüßt noch durch frühen Ruhestand?

> Das Geld ist rar, die Kurse sinken,
> Dagegen steigt der Preis der Schinken.
> Fast jeden Morgen klagt die Mutter:
> Ach, Herr wie teuer ist die Butter!
> Ja, selbst der Vater wird gerührt,
> Wenn er sein kleines Brötchen schmiert.
> Und doch, trotz dieser Seelenleiden,
> Will keiner gern von hinnen scheiden.
>
> Wilhelm Busch

Was keiner möchte, droht unterdes auch nicht mehr früh. Trotz Umweltschmutz, trotz Gift in süßen Schoppen – vor allem alte Leute werden immer älter, scheiden zunehmend später erst dahin.

In den siebziger und frühen achtziger Jahren des vorigen Jahrhunderts, als Wilhelm Busch gerade Ruhm erworben hatte, konnten 65jährige Männer im Durchschnitt nur mit neuneinhalb weiteren Lebensjahren rechnen; bei gleichaltrigen Frauen war damals die Lebenserwartung mit knapp zehn zusätzlichen Jahren nur geringfügig höher.[1]

Seither gewannen alte Deutsche Erhebliches an Überlebensfrist hinzu. Besonders in der jüngeren und jüngsten Zeit hat sich der Anstieg der Lebenserwartung alter Leute stark beschleunigt – wobei die Zunahme an Lebensquantität anders als in früheren Jahrzehnten nicht mehr geschlechtsneutral verlief (siehe Grafik Seite 129). Die Frauen legten weitaus mehr an zusätzlichen Jahren zu, erwiesen sich – zumindest was die Überlebenskraft betrifft – zunehmend dem Ondit entgegen als die viel stärkere Hälfte.

Heute haben 65jährige Deutsche, weiblichen Geschlechts, im Durchschnitt noch weitere 17 Jahre auf Erden vor sich. Männer gleichen Alters können – obwohl auch sie speziell seit 1970 an Daseinsfrist gewannen – dagegen erst auf gut 13 fernere Jahre hoffen.[2]

Daß die Lebenserwartung bei beiderlei Geschlechtern auch künftig noch wächst, gilt angesichts des Trends, der in den vergangenen Jahren beobachtet wurde, als sehr wahrscheinlich. Die Rentenversicherer gehen jedenfalls in der Vorausschätzung ihrer künftigen Lasten mittlerweile davon aus, daß die Alten in der nächsten Zeit noch mehr an Lebenszeit gewinnen: Sie unterstellen das «aus Vorsichtsgründen» (Horst-Wolf Müller, Versicherungsmathematiker und Direktor der Finanzabteilung beim Verband Deutscher Rentenversicherungsträger).[3]

Die zunehmend längere Existenz der alten Deutschen bringt die Rentenkassen allein schon in Verdrückung, bedroht sie mit jener Sorte roter Zahlen, die in der Fachsprache der Versicherer mißgünstig «Sterblichkeitsverluste» heißen, obwohl sie nicht durch Tod, vielmehr durch längeres Leben hervorgerufen werden.

Denn eine steigende Lebenserwartung gerade der älteren Bürger verlängert die sogenannten Rentenlaufzeiten und verteuert damit im Trend die Lasten, die bei einer umlagefinanzierten Alterssicherung von den Jungen getragen werden müssen; bei der privaten Assekuranz sind die Prämien im Vorwege mit hohen Sicherheitszuschlägen für eine eventuelle Lebensverlängerung kalkuliert, da diese Unternehmen das, was ihre Rentner später bei verringerter Sterblichkeit zusätzlich kosten, nicht ihren dann noch aktiven Beitragszahlern anlasten dürfen.

In Deutschland haben sich die Rentenlaufzeiten allerdings bislang weit mehr verlängert, als durch die steigende Lebenserwartung erklärbar wäre. Grund: Die Politiker haben leichtfertig und ohne Not das Pensionierungsalter immer weiter herabgesetzt – zuallererst ausgerechnet bei den Frauen, deren Renten sich ohnehin wegen der stark steigenden Lebenserwartung sehr verteuerten.

Beschlossen wurde das Frühpensionierungsrecht für Frauen bereits im Rahmen der großen Rentenreform von 1957. Schon damals ist den Frauen die Möglichkeit eingeräumt worden, eine Altersrente bereits vom 60. statt vom 65. Lebensjahr an zu beziehen. Eine Kürzung der nun eher und damit auch länger zu beziehenden

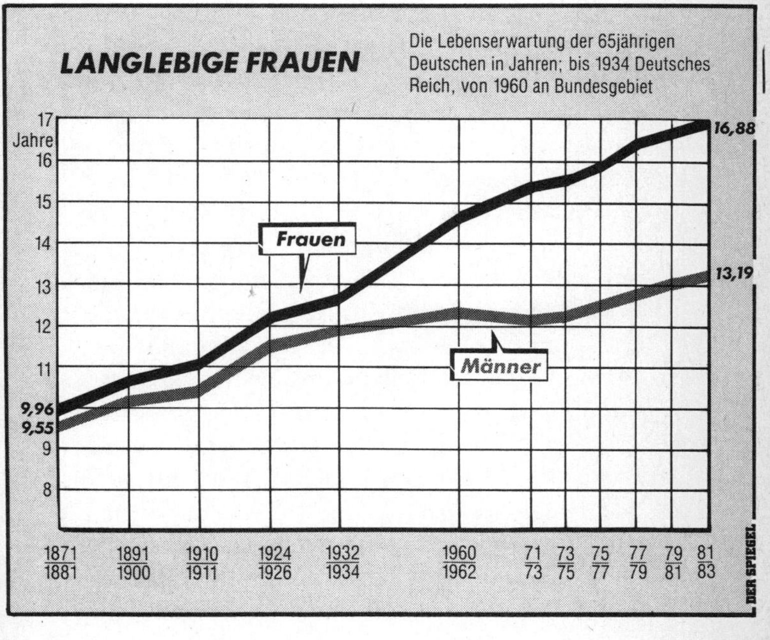

Rente um die sogenannten versicherungsmathematischen Abschläge wurde nicht vorgesehen.

Dabei sind solche Abschläge nach seriösen Versicherungsprinzpien – schon um der Gerechtigkeit willen – immer erforderlich, wenn den Mitgliedern einiger Gruppen oder allen Bürgern die Möglichkeit eröffnet wird, sich auf eigenen Wunsch vorzeitig pensionieren zu lassen.

Denn nur solche Abschläge machen ein Frühpensionierungsrecht belastungsneutral, bewirken, daß weder dem vorzeitigen Rentenbezieher noch der Versichertengemeinschaft unangemessene Vorteile oder Zusatzkosten entstehen. Bemessen werden müssen die (dauerhaften) Abschläge dabei so, daß damit die voraussichtlichen Aufwendungen kompensiert werden, die der Altersversicherung durch den längeren Rentenbezug und die kürzere Beitragsdauer von Frühpensionären im Durchschnitt entstehen.

Als 1957 das Frühpensionierungsrecht für Frauen entstand, das zunächst von der Regierung nicht vorgesehen war, dann aber vom Bundesrat angeregt und vom zuständigen Parlamentsausschuß eiligst durchgesetzt wurde, war von zusätzlichen Aufwendungen, die dadurch hervorgerufen werden könnten, keine Rede. Die kuriose Begründung: Bei erwerbstätigen Frauen gebe es «eine frühzeitige Abnutzung der Kräfte», denn nur sie, nicht etwa auch manche Männer (etwa Witwer mit Kindern), seien unabhängig vom Familienstand einer «Doppelbelastung» durch Beruf und Haushalt ausgesetzt – allerdings «nur dann, wenn sie in einer pflichtversicherten Tätigkeit stehen» (so der Bericht des Bundestagsausschusses für Sozialpolitik.)[4]

Die dahinter stehende Vermutung wird freilich nicht durch die Fakten gedeckt: die Vermutung, die 1983 noch einmal vom Rat der Europäischen Gemeinschaft mangels anderer Verifikationsmöglichkeit per Abstimmung bekräftigt und zu einer «Richtlinie» erhoben wurde – daß nämlich die Lebenserwartung der weiblichen Erwerbspersonen «nicht dem allgemeinen Durchschnitt entspricht», vielmehr niedriger sei.[5]

Eine Untersuchung, die von den Versicherungsmathematikern des Verbandes Deutscher Rentenversicherungsträger vorgelegt wurde, ergab jedenfalls das Gegenteil. Danach haben selbst jene älteren Frauen, die zuvor mehr als 40 Jahre erwerbstätig waren, in allen Altersgruppen zwischen 65 und 90 noch erheblich mehr Lebensjahre vor sich als gleichaltrige Männer, die genausolang geschafft haben. Und: Bei diesen langjährig berufstätigen Frauen ist die Lebenserwartung sogar noch geringfügig höher, als im Durchschnitt bei allen älteren Deutschen weiblichen Geschlechts beobachtet wurde.[6] Die Volksmund-Weisheit, daß Arbeit nicht schände, ist nun auch statistisch bewiesen.

Das Frühpensionierungsrecht für Frauen erwies sich – entgegen der Annahme der Politiker – mithin als außerordentlich teuer. Allein in der Angestelltenversicherung haben sich die durchschnittlichen Laufzeiten der Renten, die an weibliche Versicherte gehen, zwischen 1957 und 1984 um 65 Prozent verlängert.[7]

Daß im Vorwege die Lasten neuer Rentenrechte sehr klein eingeschätzt oder überhaupt vernachlässigt und dann bedenkenlos auf die jeweilige und künftige Generation der Beitragszahler abgewälzt werden, das ist im Lauf der sechziger und siebziger Jahre in der Rentenpolitik zur Tradition avanciert. So ist auch das Rentenalter für Manner allein zu Lasten der Versichertengemeinschaft herabgedrückt worden: durch Einführung der sogenannten flexiblen Altersgrenzen, die wiederum ohne die eigentlich gebotenen versicherungsmathematischen Abschläge bei der Rente offeriert wurden.

Die Rentenreform von 1972 – wie alle leichtfertigen sozialpolitischen Gesetze einstimmig vom Bundestag beschlossen – brachte den Männern, die bis dahin bis zum 65. Lebensjahr schaffen mußten, das Recht auf eine vorgezogene Pensionierung mit 63 ohne Rentenabschlag. Entgegen der Schätzung der Parlamentarier machten nicht lediglich 60 Prozent und dies erst nach einer langen Eingewöhnungsphase, sondern binnen kürzester Frist fast alle Berechtigten von dem neuen Frühruhestandsrecht Gebrauch (und gingen dann in vielen Fällen einer Tätigkeit in der Schattenwirtschaft nach).[8]

Bald darauf wurde zudem die Pensionierung schon mit 60 Jahren ohne versicherungsmathematische Abschläge ermöglicht. Offiziell sollte das Ende 1978 beschlossene Frühpensionierungsrecht von 1980 an für Schwerbehinderte gelten. Und nur die Hälfte der bis dahin relativ kleinen Zahl an Schwerbehinderten würde – so hatten die Rentenpolitiker vermutet – davon Gebrauch machen.[9]

Da aber zugleich der Erwerb eines Behindertenpasses erheblich erleichtert worden war, hinterließ das neue Rentenrecht in der Versehrtenstatistik so dicke Spuren wie früher nur Seuchen und größere Kriege. 1981, nur zwei Jahre nach der Einführung des neuen Pensionsrechts, besaß schon fast jeder zweite unter den 60- bis 62jährigen männlichen Deutschen einen Behindertenpaß und damit das Recht auf Frühpensionierung. In allen Altersklassen zusammen gab es plötzlich 4,7 Millionen Schwerbehinderte, gut viermal mehr als fünf Jahre zuvor, und fast siebenmal soviel, wie der Zweite Weltkrieg an allerdings echten Schwerbeschädigten hinterlassen hatte.

Zwischen 1981 und 1983 hat sich die Zahl der Schwerbehinderten – genauer die Zahl derjenigen mit einem

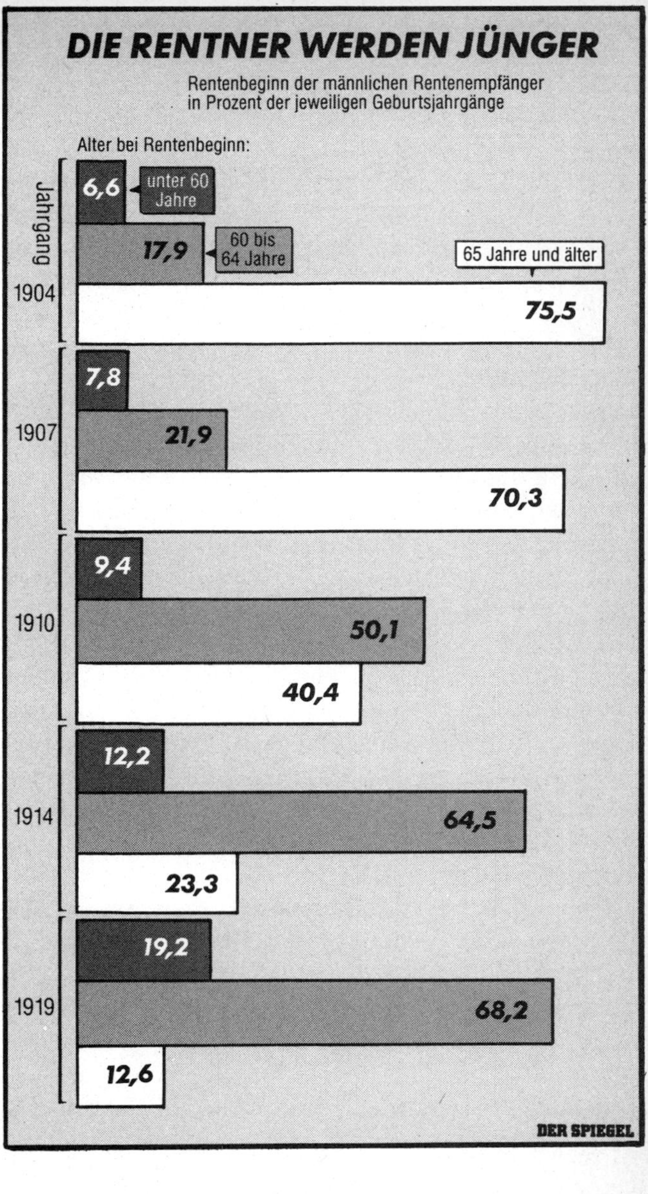
DIE RENTNER WERDEN JÜNGER
Rentenbeginn der männlichen Rentenempfänger in Prozent der jeweiligen Geburtsjahrgänge
Alter bei Rentenbeginn:
Jahrgang
unter 60 Jahre
60 bis 64 Jahre
65 Jahre und älter
1904
6,6
17,9
75,5
1907
7,8
21,9
70,3
1910
9,4
50,1
40,4
1914
12,2
64,5
23,3
1919
19,2
68,2
12,6
DER SPIEGEL

einschlägigen Paß – noch einmal um gut 18 Prozent erhöht, auf fast 5,6 Millionen.[10]

Daß ein frühzeitiger Rentenbezug ohne jeden Abschlag bei der Pension ermöglicht wurde – das vor allem hat die Rentenversicherung in die Krise gebracht. Über die Einführung der flexiblen Altersgrenzen schrieben die Juristen Johann Zweng und Reinhard Scheerer in ihrem Kommentar zum Rentenversicherungsrecht, sie müsse «wohl als das verhängnisvollste Wahlgeschenk auf dem Gebiet der Sozialversicherung» bezeichnet werden.

Wäre wie in der schwedischen Sozialversicherung bei Inanspruchnahme der flexiblen Altersgrenze ein versicherungsmathematischer Abschlag von der Rente vorgesehen worden – so Zweng und Scheerer weiter –, «dann hätte sich daraus tatsächlich eine Erweiterung des persönlichen Freiheitsraums, eine Erweiterung der Gestaltungsmöglichkeit für den Versicherten ergeben».

Denn nur «dann hätte der Versicherte Vor- und Nachteile eines früheren Rentenbezugs gegeneinander abwägen können und müssen, um nach dieser Abwägung seine persönliche Entscheidung zu treffen». So aber sei der monetär meßbare Vorteil eines vorzeitigen Rentenbezuges so überwältigend groß, «daß jeder Versicherte, der rechnen kann, schon aus wirtschaftlichen Überlegungen das flexible Altersruhegeld beantragen muß«.[11]

Wie hoch der Vorteil genau ist, den Frühpensionäre ergattern können, haben Versicherungsmathematiker kalkuliert. Wer mit 60 Jahren auf das Altenteil geht, zieht danach aus der Rentenversicherung einen um 16,8 Prozent höheren jährlichen Ertrag als der Bürger, der bis 65 schafft und Steuern und Beiträge zahlt und dann zur Strafe auch noch wesentlich kürzere Zeit Rente bezieht.[12]

Jene Altersrentenart, die erst mit dem 65. Lebensjahr bezogen wird und im Sprachgebrauch der Sozialpolitiker immer noch die «normale» heißt, ist heute längst nicht mehr die Norm. Die Männer des Geburtsjahrgangs 1907 waren die letzten, die zu mehr als 70 Prozent mit 65 oder gar später auf Altersrente gingen. Aus dem Geburtsjahrgang 1919 waren es nur noch knapp 13 Prozent (siehe Grafik Seite 133). Dafür hatten 58 von 100 ihren Dienst schon vor dem 63. Lebensjahr quittiert und waren vom Beitragszahler zum Rentenempfänger konvertiert.[13]

Einer besteuerten und mit Rentenversicherungsabgaben belasteten Tätigkeit bis zum 65. Lebensjahr oder gar darüber hinaus gehen mittlerweile fast nur noch jene nach, die nicht so lange in der Rentenversicherung waren, daß sie von den flexiblen Altersrenten Gebrauch machen können. Von den 40 339 männlichen Deutschen, die sich 1984 erst mit 65 oder gar mehr Jahren pensionieren ließen, hatten 70 Prozent weniger, meist sehr viel weniger als 35 Versicherungsjahre vorzuweisen[14] – oft, weil sie ihr Erwerbsleben zunächst als Selbständige begonnen hatten, dann gescheitert und erst relativ spät in eine abhängige, damit auch pflichtversicherte Stellung geraten waren. Mindestens 35 Versicherungsjahre aber sind Voraussetzung für die Inanspruchnahme der flexiblen Altersgrenze.[15]

Wer die Voraussetzung erfüllt, geht in der Regel so früh wie möglich in Pension, schon des Rentenbonus wegen, der dabei winkt. Denn Bürger können – anders als Politiker – gut rechnen. Sie sind zudem mitnichten so edel-hilfsbedürftig-blöde, wie sich das Bonner Sopos immer denken. Sie wissen vielmehr ihren Vorteil mit viel Pfiffigkeit zu nutzen. Beweis: Von den 213 750 Männern des Geburtsjahrgangs 1923, die 1984 Kunden bei der Rentenversicherung waren, befand sich damals schon die absolute Mehrheit auf der Nehmerseite: 64 Prozent waren bereits Rentiers; nur ein gutes Drittel der damals 61jährigen zählte noch zu den Pflichtzahlern.[16]

Die Renten stiegen weit stärker als die Nettolöhne

Die ständige Verjüngung der Pensionäre hat vor allem anderen die Rentenkosten in die Höhe getrieben und macht sie auf Dauer untragbar – um so mehr, als die steigende Lebenserwartung gerade der älteren Bürger ohnehin die sogenannten Rentenlaufzeiten verlängert und damit im Trend die Altenlast verteuert hatte. Dadurch daß die Pensionierung mit 60 bei beiden Geschlechtern immer mehr zum Normalfall wird, muß bei männlichen Rentnern heute mit einer durchschnittlichen Rentenlaufzeit von 16,6 Jahren gerechnet werden, bei den besonders zählebigen weiblichen Pensionären sogar mit einer Zahl-Zeit von 21 Jahren[17]; und die Tendenz ist weiterhin steigend – zumal nun auch noch ein «Vorruhestand» (mit 58 Jahren) propagiert und subventioniert wird.

Mit dieser sehr eigentümlichen Vokabel wird implizit angedeutet, daß der sozusagen natürliche Ruhestand spätestens mit 60 Jahren zu beginnen habe. Denn als «Vorruhe»-Ständler werden gemäß der offiziellen Sprachregelung nun jene definiert, die schon als Endfünfziger nur noch Sozialprodukt verzehren, nicht aber mehr an seiner Entstehung beteiligt sind, zumindest nicht offiziell und unter Ableistung fiskalischer Abgaben. Dabei hat sich – jedenfalls in der Sicht vieler Sozialpolitiker – auch die gesellschaftliche Wertschätzung auf eine sehr eigentümliche Art verschoben. Wer seinen Arbeitsplatz frühzeitig «frei» macht und sich dann von der Gesellschaft ohne Gegenleistung seinerseits materiell unterhalten läßt, gilt in den Kreisen jener, die stets sorgenvoll die soziale Befindlichkeit der Gesellschaft bereden, als Inbegriff des Gemeinschaftsgeistes. Wer so lange schafft wie er kann, dabei auch noch Steuern und Rentenbeiträge entrichtet, gilt hingegen als eigensüchtig.

Es ist eine seltsam verkehrte Weltsicht, die da auch

Braunschweiger Zeitung, Wolter

«Einfach hier aussitzen können wir das Rentenproblem auch nicht, das Dumme ist nämlich, es wachsen immer neue Rentner nach!»

noch in die Hirne hineinzuwaschen versucht wird – als ob der handfeste Schaden noch nicht reichte, der durch die ständige Herabsetzung der Ruhestandsgrenze entstand.

Zur steten Verjüngung der Pensionäre und der damit verbundenen Vermehrung der Rentnerzahlen kam noch hinzu, daß die Renten schon in der Reform von 1957 dynamisiert worden waren, und zwar nicht etwa auf eine wohlbedachte, sondern auf eine allzu üppige Art, Ludwig Erhard hatte wohl auch deshalb vom «Gift der Dynamisierung» gesprochen.

Denn damals ist jene sogenannte Bruttoanpassung der Renten verordnet worden, die nun schon seit geraumer Zeit wachsende Finanzprobleme und zunehmende Ungerechtigkeiten schafft. Sie erbrachte den Alten nämlich nicht nur – was vielleicht auf Dauer verkraftbar gewesen wäre – einen Anstieg der Renten im Gleichschritt mit dem Lebensstandard der tätigen Arbeitnehmer.

Da die Renten an das Wachstum der Brutto-, nicht der Nettolöhne gekoppelt wurden, ergab sich zunehmend eine eigenartige, nicht sonderlich gerechte Verteilung der Wohlstandszunahme. Zwar wurde das wuchernde Rentenwachstum seit 1957 durch sieben Sanierungsversuche ein wenig gebremst.[18] Dennoch profitierten die Rentner von der Steigerung des Sozialprodukts, zu der sie nichts mehr beitrugen, in wesentlich höherem Maße als jene, die den verteilbaren Wohlstandszuwachs mit ihren Händen und Hirnen erst möglich machten.

Von 1957, also vom Stand nach der damaligen Rentenreform, die den Alten den ersten dicken Schluck – 43 Prozent Erhöhung auf einen Schlag – brachte, bis 1985 ist die durchschnittliche Rente nach Berechnungen des Kölner Versicherungsmathematikers Georg Heubeck um stolze 533 Prozent gestiegen. Da Renten faktisch nicht besteuert werden, wuchs das Nettoeinkommen der Pensionäre um den gleichen Satz und damit um fast 50 Prozentpunkte mehr als der durchschnittliche Nettoverdienst der Arbeitnehmer.[19] Denn die erhielten von dem Bruttolohnzuschlag, den die Rentner netto kassierten, infolge steigender Sozialabgaben und höherer Steuern immer weniger ausbezahlt.

Fast noch verhängnisvoller als die allzu reichlich bemessene Dynamisierung wirkt sich unterdes aus, was bei der 57er Reform nebenher, sozusagen als kleine Aufmerksamkeit verteilt und später immer weiter ausgebaut worden war.

Schon damals sind neue Rentenansprüche verteilt worden, vor allem an Bürger, die nur für eine relativ kurze Zeit Beiträge geleistet hatten. Denn damals bereits war die Vorschrift über die sogenannte Halbdeckung gestrichen worden, wonach eine Rente nur erhalten konnte, wer mindestens für die Hälfte der Zeit zwischen

Versicherungseintritt und Pensionsbeginn auch Beiträge entrichtet hatte.[20] Anderweitig wohlversorgte Rentiers, wie ehemalige Selbständige oder pensionierte Beamte, die ihr Berufsleben einmal als versicherungspflichtige Arbeitnehmer begonnen hatten, können sich seither noch ein zusätzliches Schnapsgeld aus der Sozialversicherung holen.

Schon damals ist die Rentenversicherung mit Kosten und Risiken beladen worden, die eigentlich mit Alterssicherung gar nichts zu tun haben. Bereits von 1954 an konnten 60jährige Angestellte, die mindestens ein Jahr «ununterbrochen arbeitslos» (Gesetzestext) waren, eine vorzeitige Rente erhalten. 1957 wurde diese Regelung auch in die Arbeiterrentenversicherung eingeführt.[21] Seither muß die Rentenversicherung «zu einem nicht unbeträchtlichen Teil das Arbeitsmarktrisiko für die Versicherten» abdecken, wie Helmut Kaltenbach, Direktor der Bundesversicherungsanstalt für Angestellte (BfA), bekrittelt und die Frage anfügt, «warum nicht die damit verbundenen Kosten bei der Bundesanstalt für Arbeit ausgewiesen werden«.[22]

Im Laufe der Jahrzehnte sind den Alterskassen freilich immer mehr artfremde Aufgaben aufgebürdet worden. Die Rentenversicherungen wurden von den Politikern immer mehr auch als eine Art «Reptilienfonds» betrachtet, aus dem Mittel für die unterdes notorische Wählerbestechung zunächst unauffällig abgezweigt werden konnten. Zupaß kam ihnen dabei, daß die sozialen Alterskassen lange noch von dem seriösen Klang des Wortes «Versicherung», das sie im Namen führen, und den damit verbundenen Assoziationen profitierten.

Anders als die Steuern wurden die «Rentenversicherungs»-Beiträge vom Publikum als ein ordentliches do-ut-des-Geschäft angesehen, als eine Leistung also, der eine äquivalente Gegenleistung folgen werde. Rentenbeitrags-Erhöhungen stießen deshalb lange Zeit auf weitaus weniger lauten oder auch nur passiven Widerstand als bei Steuer-Erhöhungen zu vermuten stand.

Die Politiker haben diesen Umstand ziemlich schamlos ausgenutzt. Zu Lasten der Alterskassen und um den Preis steigender Rentenbeiträge wurden vielerlei Geschenke an einzelne, durchaus ganz und gar unbedürftige Wählergruppen verteilt, die über eine Erhöhung der Steuern nicht durchsetzbar gewesen wären.

9

Rauschhafte Reformen

Minirenten, ein Indiz für Armut?

Das Reden tut dem Menschen gut,
Wenn man es nämlich selber tut;
Von Angstprodukten abgesehen,
Denn so etwas bekommt nicht schön.

Vor allem der Politikus
Gönnt sich der Rede Vollgenuß;
Und wenn er von was sagt, so sei's,
Ist man auch sicher, daß er's weiß.

Wilhelm Busch

Der typische Politikus der Gegenwart gönnt sich und seinem meist erstaunten Auditorium vorzugsweise die Schilderung von Elendspanoramen, nicht von längst verblichenen oder von weit entfernten. Von vielerlei Armut in der Bundesrepublik von heute ist zumeist die Rede.

Das Thema kam etwa an der Wende der sechziger zu den siebziger Jahren in Mode und blieb es seither. Das Auf- und Erfinden von Armutssorten ist dabei fast eine eigene Disziplin geworden. «Altersarmut», «Neue Armut», «Verschämte Armut», «Witwenarmut», «strenge» und «milde relative Armut», «Armut in der Versorgung von Grundbedürfnissen» – so reich mit Bei- und Kopplungswörtern verzierte Armut, so viele unterschiedliche Kategorien der Not, wie sie mittlerweile entdeckt worden sind, hatte es früher, als das Elend noch allgemein und daher nicht interessant war, nie gegeben.[1]

Ins Zentrum des politischen Bemühens rückten zugleich mehr und mehr jene Teilmengen der Gesellschaft, die von den Soziologen den Namen «Mitleidsgruppen» erhalten hatten – meist nicht sehr randscharf abgegrenzte Bürgergruppen, denen ein Mangel-Gefühl, das Erlittenhaben eines gleichartigen und sehr außergewöhnlichen Schadens zumindest nachgesagt wurde und, die zu bedauern, daher fast in den Rang einer allgemeinen Verpflichtung geriet.

Höheres Alter, vorzugsweise in vielfältiger Kombination mit anderen Kriterien, wurde zum Mitleidstatbestand schlechthin erhoben, obwohl doch in allen Kulturen das Erreichen eines hohen Lebensalters gemeinhin als Glücksfall und nur das Gegenteil, der frühe Tod, als schweres Schicksal angesehen wird. In den Reden der Politiker, der Sozialpolitiker insbesondere, steht «alt» längst schon als Synonym für «hilflos», «arm» und für «bedürftig».

Und typisch wurde auch dies: Das fiktive Einzelschicksal, die oft beschworene alte Frau mit Minirente als wirklich einziger Einkommensquelle beispielsweise, regierte immer mehr die Vorstellungswelt der staatlichen Rentenverteiler. Nicht, daß sie dann den tragisch-harten Einzelfall in der gesellschaftlichen Wirklichkeit zu finden und gezielt zu helfen sich bemühten. Stets wurde der extreme, der schlechtestmögliche Fall zum Prototypus erhoben; statt gezielter, gab es folglich breitgestreute Hilfen ohne Ansehen der Bedürftigkeit.

Zahlreiche neue Rentenrechte sind auf diese Art im Verlauf der siebziger und der frühen achtziger Jahre geschaffen worden. Der Rentenversicherung wurden dabei immer mehr Aufgaben aufgebürdet, die ihrer Natur nach nicht in eine Versicherung, schon gar nicht in eine Altersversicherung gehören.

So wurde den Alterskassen 1972 etwa die Aufgabe aufgeladen, die niedrigen Barverdienste, die manche Bürger während ihres Erwerbslebens aus einer versicherungspflichtigen Tätigkeit bezogen, durch eine «Rente nach Mindesteinkommen» nachträglich zu korrigieren. Begründung hierfür war die Annahme gewesen, jeder, der aus einer abhängigen Beschäftigung relativ wenig Bares gezogen hatte, sei zum einen im Erwerbsleben «benachteiligt» gewesen und habe zum anderen im Alter nun ausschließlich von einer «Kleinrente» zu leben.[2]

Daß relativ geringe Barverdienste auch durch nur halbtägige Beschäftigung oder durch hohe Sach- statt Geldbezüge zwecks Steuerumgehung entstanden und daß die daraus resultierenden Kleinrenten in manchen Fällen nur ein Zubrot zu anderen Alterseinkünften sein könnten, ist den Sozialpolitikern nicht aufgefallen. Deshalb bezieht nun manche wohlbestallte Chefarztgattin, die ihrem Gemahl dereinst als Krankenschwester mit mehr Sach- als Barbezügen diente, eine über das aufgrund früherer Beiträge zu erwartende Maß aufgestockte Rente.

Und nach diesem Muster erhielten immer mehr Bürger, die nicht ausreichend lange und/oder nicht ausreichend hohe Beiträge entrichtet hatten, ein Rentengeschenk.

Als besonders fatal und kostenträchtig erwies sich dabei jene sogenannte Öffnung der Rentenversicherung, die 1972 im Rahmen der damaligen Reform mitbeschlossen worden war und jedem Bundesbürger auf Antrag die Möglichkeit bot, Beiträge für die Jahre 1956 bis 1973 zu günstigen Konditionen nachzuentrichten. Der Schweizer Versicherungsmathematiker Peter Thullen urteilte über diese preiswerte Öffnung der sozialen Alterskassen für Unternehmer und alle anderen zuvor nicht Versicherungspflichtigen, sie habe «einen weiteren verhängnisvollen Einbruch» bei den Rentenfinanzen gebracht, dessen Tiefe noch gar nicht abzuschätzen sei.

Denn: «Von diesem Geschenk, Rentenrechte zum Minitarif zu erwerben», hätten – so Thullen – «Millionen» Gebrauch gemacht, «hauptsächlich Personen mittleren oder höheren Alters mit Familienanhang oder solche mit bereits geminderter Gesundheit, deren Versicherung wesentlich teurer als die der obligatorischen meist jungen Neuzugänge zu stehen kommt«.[3]

Es gibt heute schon überall in der Republik wohlhabende Selbständige im Ruhestand, die neben ihren sonstigen Alterseinkünften eine damals günstig angekaufte Sozialrente beziehen. Sie erzählen meist gern, daß die seinerzeit ermöglichte billige Beitragsnachentrichtung zur sozialen Alterskasse das beste Investment ihres Lebens gewesen sei. Selten schwingt Dankbarkeit gegenüber den Sozialpolitikern dabei mit, meist eher Spott.

Zu Beginn des Jahres 1986 wurde ein neues Rentenrecht für jene ausgerufen, die selber nach dem Jahr 1920 geboren sind und sich mittlerweile aktiv als Gebärende oder Zeugende betätigt haben. Der Nachweis von Nachwuchs gilt somit zumindest für einen Teil der Bevölkerung als Ersatz für Beitragszahlung – eine reichlich atavistische Idee, die schwerlich in die Konstruktion einer Versicherung paßt.[4]

Zudem schuf dieses neue Rentenrecht – für das zunächst die Bundeskasse aufkommt, was die daraus entstehende Belastung für die jeweilige Erwerbstätigen-Generation um kein Jota kleiner macht – bislang nicht etwa mehr Zufriedenheit und Glück. Im Gegenteil: Es stiftete Protest, weil jene vor 1921 geborenen Rentner, die keine nachträgliche Geburten- oder Zeugungsprämie erhalten sollten, sich übergangen fühlten.

Der Vorgang darf als typisch gelten. Ein Mißstand, eine Ungerechtigkeit wird erst durch Rentenpolitik geschaffen, was dann stets bald einen teuren Korrekturbedarf nach sich zieht.

Eigenhändig angerichtet haben die Sozialpolitiker in ihrem rauschhaften Reformeifer auch diesen Mißstand:

Sie haben viele jener Minirenten erst kreiert, die dann hinterher von ihnen selber und anderen Elendsfahndern als Beweis für die immer wieder vorgetragene Hypothese gewertet wurden, «viele Rentner, vor allem viele Rentnerinnen» seien hierzulande «arm», da sie nur «eine unzureichende Rente» erhielten. Und das diente dann als Begründung für immer weitere Zuwendungen an Rentner, zu Lasten der Alterskassen.

Dabei darf Altersarmut – wenn sie denn existiert – ohnehin niemals zu Lasten der Rentenversicherung beseitigt werden. Zuschüsse an nachweislich bedürftige alte wie junge Bürger müssen vielmehr aus dem allgemeinen Steueraufkommen bezahlt werden. Denn die Steuersätze sind progressiv, belasten die Wohlhabenden also stärker; nur eine solche Finanzierung der Hilfe für Bürger in Not garantiert mithin, daß wirklich eine Umverteilung zwischen Arm und Reich stattfindet.

Die Beitragssätze zur Rentenversicherung aber sind für alle Einkommensklassen gleich hoch, und die Verdienste werden damit auch nur bis zur sogenannten Beitragsbemessungsgrenze belastet – was durchaus korrekt ist bei einem Altersversorgungssystem, das die spätere Rentenhöhe am zuvor bezogenen Lohn bemißt und dabei Maximalgrenzen für das durch die Renten zu ersetzende Erwerbseinkommen festgelegt hat. Für Umverteilungszwecke jedoch ist die Rentenversicherung damit völlig ungeeignet.

Denn jede Nothilfe für tatsächlich oder auch nur vermeintlich arme Rentner, die den Alterskassen aufgebürdet wird, belastet überproportional die unteren Einkommensschichten. Nach allen herkömmlichen Vorstellungen gelten Umverteilungsaktionen mit einem derartigen Ergebnis nicht gerade als sonderlich gerecht.

Erschwerend kommt noch hinzu, daß Minirenten, auf die Sozialpolitiker gern anklagend hinweisen, kein Indiz dafür sind, daß ihre Bezieher in Armut leben. Denn zum einen fließen oft mehrere Minirenten ein und derselben Person zu. Zum anderen haben gerade jene, die aus der Rentenversicherung nur kleine Beträge beziehen, häufig andere, kräftiger sprudelnde Einkommensquellen. So gingen die Minirenten, die nach einem Spruch des Bundessozialgerichts (BSG) aus dem Jahr 1976 entstanden, keineswegs nur an bedürftige Personen.[5]

Die Sozialrichter hatten damals ein neues Rentenrecht erfunden für alle, die früher einmal mindestens fünf, aber weniger als fünfzehn Jahre einer pflichtversicherten Tätigkeit nachgegangen waren und damit nach dem bis Ende 1984 gültigen Gesetzesstand eigentlich keinen Anspruch auf eine soziale Altersrente erworben hatten. Beschenkt wurden damit vor allem pensionierte Beamte, im Ruhestand lebende Selbständige und ältere Hausfrauen, die in ihrer Jugendzeit einmal kurzfristig in abhängiger Stellung waren.

Dieser Personenkreis erhielt nun durch Richterspruch gegen Vorlage eines ärztlichen Attestes über irgendwelche Kleinstbeschwernisse zwar keine Alters-, wohl aber eine Erwerbsunfähigkeitsrente. Sie wurde selbst dann gewährt, wenn der Antragsteller vor seinem Rentenbegehr nicht erwerbstätig war, auch keinem Erwerb mehr nachgehen wollte und ohnedies schon gut versorgt wurde mit Pensionen aus anderer Quelle oder durch reichliches Vermögenseinkommen.

Denn die Bundessozialrichter hatten dekretiert: Jeder nicht mehr Erwerbstätige, der früher irgendwann einmal fünf Jahre rentenversicherungspflichtig war und nun eine kleinere gesundheitliche Einschränkung vorweisen könne, die ihn aber immer noch zu Halbtagsarbeit befähigen würde, sei automatisch erwerbsunfähig, mithin rentenberechtigt, wenn ihm «der Arbeitsmarkt praktisch verschlossen» sei (BSG-Urteil vom 10.12.1976). Praktisch verschlossen sei der Arbeitsmarkt aber immer dann, wenn es «dem Rentenversicherungsträger im Zusammenwirken mit dem ... zuständigen Arbeitsamt» nicht gelinge, dem Rentenantragsteller binnen eines Jahres einen Halbtagsjob in der Nähe seiner Wohnung zu beschaffen.[6]

Daß dies vor allem bei Hausfrauen, die jahre-, oft jahrzehntelang nicht mehr berufstätig waren, in der Regel mißlang, daß sie ohne Furcht, auf einen Job vermittelt zu werden, behaupten konnten, erwerbswillig, wenn auch dank Arzt-Attest nur halbtags, einsatzfähig zu sein – das sprach sich in Windeseile herum. In den Jahren zwischen 1980 und 1984 haben 560 000 Frauen, die zuvor gar nicht erwerbstätig waren, eine Erwerbsunfähigkeitsrente beantragt und erhalten. Damit gingen 70 Prozent aller an Frauen gezahlten Erwerbsunfähigkeitsrenten an zuvor nicht, zumindest nicht versicherungspflichtig Tätige.[7]

Die Rentenpolitik hat auch der Beschäftigung geschadet

Seit Anfang 1985 dürfen nun allerdings Erwerbsunfähigkeitsrenten nur noch solche Bürger beziehen, die wenigstens in den vorangegangenen fünf Jahren auch mindestens 36 Monate lang erwerbstätig waren. Dafür erhalten nun aber nicht nur jene, die mindestens 15 Jahre geklebt hatten, sondern auch alle, die irgendwann einmal lediglich fünf Jahre rentenversicherungspflichtig beschäftigt waren, eine Altersrente mit 65 Jahren. Das wird die Zahl der Rentner noch einmal erhöhen.[8]

Das alles, die stete Verjüngung der Pensionäre, die allzu reichliche Dynamisierung der Renten, die Tatsache, daß immer weitere Rentenansprüche für zuvor nicht berechtigte Personengruppen erfunden wurden, stiftete in der Gesamtwirtschaft erhebliche Schäden; Schäden, die nun auch wiederum auf die Rentenversicherung zurückschlagen und ihre ohnehin prekäre Lage weiter verschlechtern.

Denn finanziert werden konnte das alles nur durch ein zunehmend unsolides Finanzgebaren der Rentenversicherung und durch starke Steigerung des Beitragssatzes.

In den ersten Nachkriegsjahren hatte die Rentenversicherung noch beachtliche Überschüsse gebildet und damit «die Kapitalbildung . . . gestärkt» (so der Bundesbankvizepräsident Helmut Schlesinger).[9] Seit geraumer Zeit aber haben die Alterskassen überhaupt keine zusätzlichen Rücklagen mehr gebildet, sondern das Gegenteil getan, nämlich früher angelegte Reserven verzehrt.[10]

Zugleich drückten die steigenden Beitragssätze zur sozialen Alterskasse sowie die zunächst noch sicher erscheinende Aussicht auf eine hohe Sozialrente das zusätzliche private Alterssparen nieder. Beides zusammen, das Entsparen der Rentenversicherung und ihr negativer Einfluß auf das private Alterssparen, habe in der Bundesrepublik tendenziell – so Bundesbankier Schlesinger – das «Angebot an wirklich langfristig verfügbarem Geldkapital» verringert, «auf das es im Hinblick auf viele nur langfristig zu planende Investitionsvorhaben in der Volkswirtschaft ankommt«.[11] Die Rentenpolitik hat also mit dazu beigetragen, daß langfristiges Investitionskapital knapp und teuer wurde.

Das wiederum hat den bösen Effekt noch verstärkt, den die eifrigen Pensionsverteiler von Bonn ohnehin durch die kräftige Heraufsetzung der hälftig vom Arbeitgeber zu zahlenden Beiträge zu den Alterskassen und die damit verbundene Zunahme der sogenannten Lohnnebenkosten hervorgerufen hatten. Denn damit wurden die ohnehin durch eine zu expansive Lohnpolitik hochgetriebenen Arbeitskosten noch weiter über den gleichzeitig erreichbaren Leistungszuwachs hinaufgedrückt. Kräftig ansteigende Arbeitskosten bei gleichzeitig verknapptem Kapital aber wirken doppelt schädlich für die Beschäftigung und für das Wohlstandswachstum.

Verringerte Beschäftigung und verringertes Wachstum aber schlagen auch auf den Fiskus und auf die Parafisci, wie die Sozialversicherungen bei den Finanzwissenschaftlern heißen, wieder hart zurück: Die Steuer- und die Sozialversicherungseinnahmen werden tendenziell geringer.

Auch die stete Herabsetzung des Pensionsalters hat den populären Vorurteilen entgegen nichts Segensreiches am Arbeitsmarkt bewirkt. Selbstverständlich wurden dadurch, daß ältere Arbeitnehmer früher auf Rente gingen, weniger jüngere als andernfalls entlassen. Nur, damit war in puncto Beschäftigung nichts gebessert, ökonomisch nichts gewonnen.

Die Zahl der Unbeschäftigten wurde um keinen einzigen Kopf kleiner, als sie ohne die Herabsetzung des Rentenalters gewesen wäre. Das Ganze hatte nur optisch einen guten Effekt: Ein Teil der Masse, die sonst unter dem stigmatisierten Stichwort «Arbeitslose» hätte ausgewiesen werden müssen, wurde nun unter dem harmlosen Titel «Rentner» gebucht.

Der Etikettenwechsel, die retuschierte Realität, mag den Technikern der politischen Reklame nützlich erscheinen – ökonomisch ist damit, auch für den Arbeitsmarkt, nur Schaden entstanden: Mit der immer früheren Verrentung von Bürgern wurde sozusagen ein Anreiz zu einer expansiven Lohnpolitik geschaffen, die auf Dauer für die Beschäftigung immer gefährlicher ist. Denn damit konnten die Gewerkschaften die Illusion hegen und verbreiten, daß solch eine Lohnplolitik folgenlos bliebe.

Zu der Beschäftigungsmisere, die von den Rentenpolitikern auch wegen der damit verbundenen Einnahmeausfälle der Alterskassen immer lauthals beklagt wird, haben sie selber ein gerüttelt Maß beigetragen.

Noch dauerhafter freilich sind diese Schäden: Mit ihren leichtfertigen Reformen, die durch weitherzige Sprüche der Richter noch opulenter gerieten, haben die Gesetzesmacher die Zahl der Rentner vorsätzlich immer weiter vermehrt, die Zahl der Beitragsentrichter aber vermindert. Statt die Rentenversicherung gegen das Risiko abzusichern, daß allzu vielen Rentnern zuwenig Beitragszahler gegenüberstehen, wurde der Eintritt des Risikofalles aktiv betrieben.

10

Patente Renten-Rettungs-Rezepte

Den Alterskassen ein Baby schenken?

> Vernunft wird Unsinn, Wohltat Plage;
> Weh dir, daß du ein Enkel bist!
> Vom Rechte, das mit uns geboren ist,
> Von dem ist, leider! nie die Frage.
>
> Johann Wolfgang von Goethe

Enkel zu sein, ist jetzt schon weitaus lästiger als früher; in wenigen Jahrzehnten wird dieser Status voraussichtlich sehr unbequem. Die Wohltaten, die für die Großeltern ein früher nie erreichtes und künftig auch nicht mehr erreichbares Alterseinkommen aus fremden Taschen brachten, sind für die Kindeskinder jetzt schon eine schwere Bürde. Bald werden sie zur Plage werden. Und Schuld daran ist noch nicht einmal allein jene von vornherein fatale Konstruktion des Rentensystems auf reiner Umlagebasis, die alle Alten automatisch zu Kostgängern der Nachgeborenen macht. Schuld daran ist vor allem die künstliche Vermehrung der so zu unterhaltenden Alten durch die willkürliche Schaffung neuer, immer früher wahrzunehmender Rentenrechte.

Im Jahr 1985 entfielen auf 100 Pflichtversicherte bereits 56 Rentenfälle, fast 60 Prozent mehr als 1958.[1] Nur ein Teil dieser gestiegenen und weiter steigenden Belastung ist auch auf jenen Faktor zurückzuführen, den die Politiker immer alleine zu nennen pflegen – nämlich darauf, daß sich «das Zahlenverhältnis zwischen den Generationen verschiebt» (der Arbeits- und Sozialminister während der 10. Legislaturperiode, Norbert Blüm).[2]

Zwar hat sich das Zahlenverhältnis zwischen Alten und Jungen kräftig verschoben, aber doch nicht so dramatisch wie die tatsächliche Rentenlast zunahm. Würden wie früher nur die über 65jährigen als «alt» und nicht mehr erwerbsfähig gezählt, sähe das Zahlenverhältnis zwischen den Generationen an der Mitte der achtziger Jahre so aus: Auf hundert Einwohner im Alter von 20 bis 64 Jahren kamen 24 über 65jährige – das sind immerhin sechs mehr als 1958.[3] Aber der so bemessene Anteil der Alten ist damit nur um ein gutes Drittel und nicht um fast 60 Prozent wie die tatsächliche Rentnerlast gestiegen.

Auch in Zukunft, im Jahr 2000 und danach, wäre die Altenlast nicht so schwer, wenn die Sozialpolitiker in den vergangenen Jahren weniger aktiv gewesen wären.

Bis zur Jahrtausendwende – das ist jetzt schon fast sicher, da alle bereits leben, die dann im erwerbsfähigen oder im Rentenalter sind – wird sich der Anteil der über 65jährigen an der erwachsenen Bevölkerung noch gar nicht dramatisch erhöhen. Bis dahin wird die Zahl der über 65jährigen, die jeweils hundert 20- bis 64jährigen gegenüberstehen, auf 27 und damit gegenüber dem Stand von 1985 um rund 13 Prozent steigen.[4] Die Zahl der Rentenfälle, die von jeweils hundert Pflichtversicherten bezahlt werden müssen, aber wächst bei unverändertem Rentenrecht um gut 23 Prozent (siehe Grafik Seite 153).[5]

Wie die Lasten sich im allerdings gar nicht mehr fernen 21. Jahrhundert entwickeln werden, ist weit unbestimmter. Zwar weilen alle, die bis 2035/40 Altersrentner werden wollen, schon auf Erden. Aber ein Großteil ihrer potentiellen Finanziers ist jetzt noch ungeboren und wird vielleicht auch nie das Licht der Welt erblicken.

Falls die Deutschen weiterhin so wenig fruchtbar bleiben wie in der jüngsten Vergangenheit, müßten 100 Beitragszahler bei unverändertem Sozialrecht in der Spitze, die im Jahr 2035 erreicht wird, 127 Rentenfälle versorgen.[6] Die Zahl der «Mitesser je Schaffer», wie der Saarbrücker Ökonom Wolfgang Stützel die von ihm so benannte «Alimentationsquote» definiert, würde mithin unerträglich hoch.

Vorschläge, wie das dunkle Zukunftsbild wieder heller und schöner zu machen wäre, gibt es mittlerweile viele. Die Erdenker von Strukturreformen für die Renten haben hohe Konjunktur.

Auf diesem Felde pflegen sich in Deutschland und auch anderwärts jedoch vor allem die zu tummeln, die sich nicht mit den Bedingungen, unter denen Einkommen entsteht, sondern nur damit beschäftigen, wie es zu verteilen sei – jene also, über die der britische Nationalökonom Harry G. Johnson einmal schrieb: Sie fühlten sich «berechtigt an philosophische und moralische Überlegungen zu appellieren – Gerechtigkeit und ‹Gleichheit›

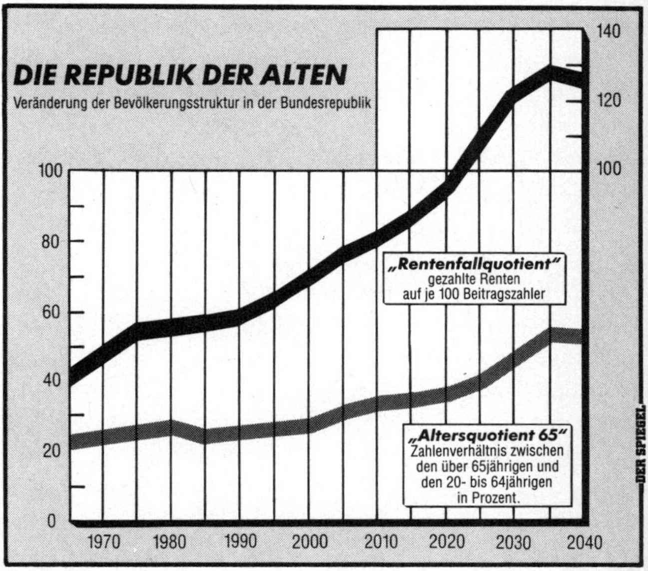

und ‹Fairness› –, die inhärent nicht quantifizierbar sind und denen folglich leichterdings eine unbegrenzte quantitative Bedeutung im Vergleich zu den pfennigknappsenden und knauserigen Größen zugeschrieben werden kann, mit denen sich die positive Ökonomie beschäftigt«.[7]

Und: Ihre Konzepte blieben «durchdrungen von christlichen Ideen, sogar bei jenen, die stolz auf ihre angebliche Befreiung von religiösen Bekenntnissen sind». Religion aber, so Johnson weiter, «ist nur eine konsumtive und keine produktive Aktivität – sie steuert nur Gebete bei für den Erfolg der Anstrengungen des Produzenten gegen die Widrigkeiten der Natur und die huldvolle Geringschätzung durch den Herrgott selber, während sie gleichzeitig ihren materiellen Zehnten von der Ernte verlangt.»[8]

Die böse Schlußfolgerung schließlich: «Die Gesellschaft könnte tatsächlich schlecht beraten sein, Ratschläge über ökonomische Moral von den Parasiten am gesellschaftlichen Mehrwert anzunehmen, worauf diese auch immer ihren moralischen Anspruch auf eine solche Position ... stützen – auf religiöse Berufung, vornehme Geburt, eine gute Erziehung, jugendliches Selbstvertrauen oder auf ein Studium der Sozialwissenschaften.»[9]

Wie berechtigt diese Warnung immer war, zeigt sich daran, daß die ausufernde Rentenpolitik der vergangenen Jahrzehnte von Kirchen, vielen Gremien von Rang, darunter auch von der Mehrheit des «Sozialbeirats» und von zahlreichen Gelehrten mit dem sehr deutschen Fach «Sozialpolitik» stets fordernd, mindestens aber Apologien liefernd, begleitet wurde. Und es zeigt sich nun, da eine schwere Rentenkrise naht und nüchtern rationale Reformen nötig wären, auch wieder an den Vorschlägen zur Sanierung des Systems.

Was unterdes zur Rettung der Renten vorgeschlagen

wurde, fällt meistens unter die Abteilung «Wunderheilung und Patentrezepte». Da gibt es beispielsweise den Vorschlag, der «Maschinenbeitrag», oder auch «wertschöpfungsbezogener Beitrag» heißt. Und gemeint ist damit: ein neues Zahlerpotential, das angeblich ganz leichterdings zusätzlich zu erschließen wäre.[10] Worum es geht, wird durch die unterdes schon eingeschliffene Formulierung, daß der «Kollege Computer» die Renten mitbezahlen und so die Lasten für die künftigen Arbeitnehmer erträglicher machen soll, mehr verschleiert denn erklärt. Der konkrete Vorschlag, den beispielsweise «einige Mitglieder» des Sozialbeirats als Rentensanierungskonzept in dessen Gutachten zur Strukturreform aufnehmen ließen, deckt diese Formel jedenfalls mitnichten.[11]

Ein neu zu schaffender «Wertschöpfungsbeitrag», der «das jetzige lohnbezogene Beitragssystem nicht ersetzen, sondern neben diesem als zusätzliche Finanzierungsquelle dienen» solle, sei – so hieß es da – auf folgende Weise zu bemessen: «Im wesentlichen» sollten «Gewinne und Abschreibungen – letztere als Ausdruck des Kapitalbeitrags zur Wertschöpfung – in die Bemessungsgrundlage eingehen.» Vorgeschlagen wird also eine neue Unternehmenssteuer zur Rentenfinanzierung, um sonst notwendige, lohnbezogene Beitragserhöhungen für Arbeitnehmer in Grenzen zu halten.[12]

Doch das brächte der durch allzu hohe Alterlasten bedrohten Enkelgeneration nun wirklich keinerlei Ersatz. Pro Kopf gerechnet bliebe hiermit die voraussichtliche Rentenlast, die künftig auf jeden Erwerbsfähigen entfällt, genauso hoch wie ohnedies. Daß wenigstens die Lasten für den Durchschnittsbürger damit nicht ganz so fühlbar würden, ist auch nur eine Illusion.

Die Unternehmen würden versuchen die zusätzliche Wertschöpfungssteuer zur Rentenfinanzierung auf ihre

Arbeitnehmer in Gestalt niedrigerer Lohnzuwächse zurückzuwälzen oder auf ihre Kunden in Gestalt höherer Preise zu überwälzen. Wenn ihnen weder das eine noch das andere gelingt, steigt die Zahl der Konkurse; die Investionsneigung sinkt; das Wachstum und die Beschäftigung ginge zurück; die Bedrückung durch die hohen Rentenlasten wäre noch stärker als ohnehin.

Der zweite Plan, der stets mit Verve als totsicheres Rezept zur Milderung des Anstiegs der Rentenlasten vorgetragen wird – von manchen Mitgliedern des Sozialbeirats, von den Sozialpolitikern in den Parteien – ist auch nur schlichte Augenwischerei: Der Staat, der Bund soll sich danach mit «einem höheren finanziellen Beitrag an der Finanzierung der Ausgaben der gesetzlichen Rentenversicherung» beteiligen.[13]

Das fordert etwa die Mehrheit des Sozialbeirats und glaubt damit das angemessene Mittel gefunden zu haben, mit dem sich sicherstellen ließe, daß der demografisch bedingte «Belastungsanstieg bei den Beitragszahlern *wesentlich* gemildert würde«.[14] Als ob der Bund, der Staat also, geheime Schätze hätte, aus denen er ohne zusätzliche Belastung der jeweils gerade erwerbstätigen Generation die Renten bezuschussen könnte! Und: Als ob den Bürger eine allzu hohe Rentnerlast dann leichter zu tragen fiele, wenn sie statt über höhere Sozialbeiträge über höhere Steuern beigetrieben würde!

Die eigentliche Ursache des Rentendilemmas, das sich dramatisch verschlechternde Zahlenverhältnis zwischen denen, die als potentielle Schaffer von Wohlstand das Brot und auch den Aufstrich verdienen sollen, und jenen, die als Altenteiler nur noch konsumieren wollen, wird durch solcherlei Tricks nun wirklich nicht verbessert.

Dagegen wohnt dem Plan, zwecks Rentenrettung die Fruchtbarkeit der Deutschen anzustacheln, zumindest

Logik inne. Daß fleißiges Gebären jetzt den später drohenden Anstieg der Alterslast pro jungem Kopf abwenden könnte – wie Deutschlands Politiker gern predigen – ist wahr, genauso wahr und selbstverständlich wie die Behauptung, daß auch ein lahmer Gaul doch immerhin ein Pferd sei.

Es ergibt sich sozusagen zwingend aus der schlichten, zugleich jedoch sehr menschenfeindlichen Mechanik des Finanzierungsverfahrens, das heute die Rentensysteme beherrscht: Nach dem Umlageverfahren ist jeder zusätzliche Alte ein gesellschaftlicher Minusposten, jedes zusätzliche Kind ein potentielles Aktivum, allerdings nur insoweit als zu hoffen steht, daß es sobald wie möglich zum Steuer- und zum Beitragszahler heranreift.

Auch das ergibt sich automatisch aus der im Vergleich zu allen anderen denkbaren Alterssicherungssystemen sehr primitiven Konstruktion der Umlagemethode: Je üppiger die Rentenzusagen ausgestaltet wurden, um so mehr zusätzliche Kinder müßten geboren werden, damit die Rechnung aufgeht.

Ob überhaupt eine im Bereich des Möglichen und des Wünschbaren liegende Zuwachsrate der deutschen Fruchtbarkeit ausreichen würde, um das heutige Rentenrecht weiterhin tragbar zu machen, steht allerdings dahin.

Der Finanzdirektor des Verbandes Deutscher Rentenversicherungsträger, Horst-Wolf Müller, hat einmal durchgerechnet, was geschähe, wenn die Fruchtbarkeit der Bundesbürger innerhalb des nächsten Jahrzehnts wieder nachhaltig und dann auch auf Dauer anstiege. Unterstellt wurde eine so kräftige Zunahme der Vermehrungsfreude, daß die jeweilige Müttergeneration nicht mehr nur zu 60 Prozent wie jetzt, sondern zu 80 Prozent durch neugeborene Mädchen ersetzt würde. Müllers Fazit: «Auch unter der Annahme eines Anstiegs der

Geburtenhäufigkeiten» ergäbe sich «noch ein erheblicher Anstieg» der Alterslast. Sie wüchse auch dann noch bis nach 2030 auf «das 1,7fache des Wertes, der für 1985 errechnet wurde» – jedenfalls bei unverändertem Rentenrecht.[15]

Eine Analyse zur Lage der Alterskassen, die 1984 von Gert Wagner, einem Mitarbeiter des Sonderforschungsbereichs «Mikroanalytische Grundlagen der Gesellschaftspolitik» vorgelegt wurde, ergab freilich: Die Rentenversicherung sei mit gleichbleibenden Leistungsversprechen noch nicht einmal dann auf Dauer zu sichern, wenn die Reproduktion der Deutschen wieder so stark anstiege, daß die gegenwärtige Bevölkerungszahl gehalten werden könnte.[16]

Die Berechnungen, die der Sonderforscher zur «intergenerationalen Durchhaltbarkeit der gesetzlichen Rentenversicherung» angestellt hatte, schlossen mit dem Ergebnis: «Das gegenwärtige Beitrags- und Leistungsrecht wäre nur durchhaltbar, wenn die Bevölkerung wächst»[17], sogar ein «kräftiges Bevölkerungswachstum» sei dazu nötig.[18]

Wenn Wagners Kalkulationen stimmen, könnten die Rentensysteme also nur saniert werden, wenn die «Gebärfreude» so zunähme oder so viele Zuwanderer von außen kämen, daß sich auf dem kleinen Areal der Bundesrepublik weitaus mehr Menschen als die 61 Millionen von heute drängeln. Ob ein solcher kräftiger Bevölkerungsschub in einem ohnehin sehr dicht besiedelten Land ein purer Segen wäre, darf durchaus bezweifelt werden.

Das Dilemma, in dem sich Deutschlands Sozialpolitiker nun finden, gilt als notorisch für alle staatlichen Rentensysteme mit Zwangsmitgliedschaft und jenem Finanzkonzept, das Umlageverfahren heißt. In fast allen Ländern des industrialisierten Westens sind die staatlichen

Altersversorgungswerke in die Problemzone geraten. Es gibt längst eine «Weltkrise in der sozialen Sicherheit» – so die Diagnose einer internationalen Forschergruppe, die von der französischen Fondation Nationale d'Economie Politique und dem amerikanischen Institute for Contemporary Studies zusammengebracht wurde.[19]

Denn überall – ausgenommen Japan – hatten die Politiker nach dem Zweiten Weltkrieg die reine Umlage als Finanzkonzept der staatlichen Rentensysteme eingeführt. Überall sind die Politiker den Versuchungen, die ein solches Finanzierungsverfahren in guten Zeiten bietet, erlegen – wenn auch kaum irgendwo in dem Maße wie die Deutschen.

Überall sinken nun seit geraumer Zeit schon die Geburtenraten – wenn auch nirgendwo so stark wie in Deutschland.

Überall offerieren die Fachleute nur schmerzhafte Kuren, nur solche, die auf eine Einschränkung der staatlichen Rentensysteme hinauslaufen: Heraufsetzung des Pensionsalters, die Einführung versicherungsmathematischer Abschläge bei vorzeitigem Altersrentenbezug, eine verminderte Dynamisierung der Renten, Reduzierung der Rentenansprüche bei möglichst gleichzeitiger Senkung der Beiträge für die jetzt noch Erwerbstätigen, damit sie mehr privat durch Kapitaldeckung vorsorgen können.

Überall gilt, was die beiden Sozialwissenschaftler Jean-Jacques Rosa und A. Lawrence-Chickering über die nötigen Korrekturen an den Rentensystemen schrieben: «Je eher die Reformen in Angriff genommen werden, um so leichter können die Rentensysteme über demografisch bedingte Altenberge hinweggebracht werden. Je länger man zuwartet, um so schwerer wird die Bürde der Reform, sowohl ökonomisch als auch politisch.»[20]

Und allgemein wahr ist gewiß auch, was sie hinzugefügt hatten: An dem, was mit den staatlichen Zwangsversicherungssystemen geschehe, werde in exemplarischer Weise getestet, ob die Politiker eines Landes «die Fähigkeit dazu besitzen, eine vernünftige Rechtsordnung zu schaffen und aufrechtzuerhalten«.[21]

In Amerika ist schon im Jahre 1983 auf Antrag und mit Zustimmung beider Kongreßparteien per Gesetz festgelegt worden, daß das Pensionsalter für die 1938 und danach Geborenen stufenweise bis auf 67 heraufgesetzt wird. Dazu ist jetzt schon festgelegt und angekündigt worden, daß diese Erwerbstätigen mit bis zu 30 Prozent Abschlag bei der Pension rechnen müssen, wenn sie auf eine Frühverrentung spekulieren.[22]

Die englische Regierung hat im Herbst 1985 ein detailliertes Programm vorgelegt, das die auch in Großbritannien steigende Alterslast für die jetzt Jungen und die künftigen Generationen erträglicher machen soll. Wichtigste Programmpunkte: ein allmähliches Abschmelzen des Rentenniveaus, das bislang von dem allerdings noch relativ jungen staatlichen Zusatzrentensystem «Serps» (state earnings-related pensions system) neben einer sehr bescheidenen Grundrente geboten wird. Und: Anreize zu privater Zusatzversorgung, ja sogar die Möglichkeit, aus den staatlichen Alterskassen heraus zu optieren und sich statt dessen bei der privaten Assekuranz zu versichern.[23]

Die Japaner haben ohnehin geringere Probleme, obwohl sich ihre Altersstruktur fast genauso schnell und fast genauso dramatisch wie die der Deutschen entwikkelt (siehe Grafik Seite 161). Da das staatliche Rentensystem in Japan, genannt Kosei-Nenkin-Hoken, zwar keineswegs voll, aber immerhin teilweise durch Kapital gedeckt ist, verfügt es über «ein kräftiges Schutzkissen gegen die zerstörerischen demografischen Bedingungen

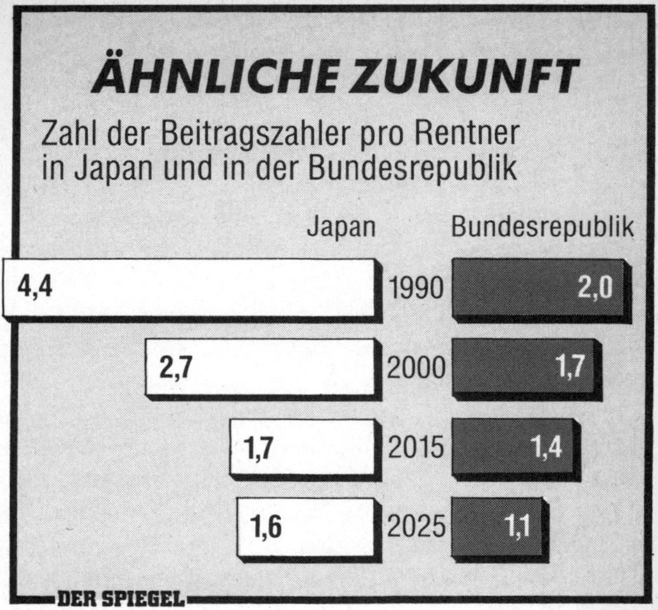

unseres sozialen Sicherungssystems» – so der japanische Sozialwissenschaftler Noriyuki Takayama.[24] Allerdings wurde das staatliche Rentensystem gezwungen, seine beachtliche Reserve zu regulierten Sätzen unterhalb des Marktzinses auszuleihen. Und falls diese Politik nicht geändert wird – so Takayama weiter – würden auch die japanischen Renten immer mehr auf einer reinen Umlage basieren, was dann zum Kollaps führen könnte.[25]

In Westdeutschland, das mehr als alle anderen Staaten durch Geburtenschwund betroffen und dessen Rentensystem zuallererst von Pleite bedroht ist, wären frühzeitige Korrekturen am allernötigsten gewesen. Bislang jedoch geschah nicht viel, und was geschah, ist nicht geeignet, die Alterseinkünfte dauerhaft sicher und die intergenerationale Verteilung wieder gerechter zu machen und damit die Rentenversicherung vor der Vertrauenskrise zu bewahren, in die sie nun immer mehr hineinschlittert.

Die vermehrten Mutterschaftsprämien, die zunächst beschlossen wurden, um die Bürger dazu zu animieren, den Alterskassen ein Baby zu schenken, werden – siehe oben – wahrscheinlich erfolglos bleiben. Und selbst wenn sie erfolgreich wären, könnten sie die Sünden der Rentenpolitiker jedenfalls nicht korrigieren. Im Gegenteil: Sie fügen den vielen unsoliden Ungerechtigkeiten, die von Sozialpolitikern in Sachen Altersversorgung begangen worden sind, noch eine weitere hinzu.

Jene, die ohnehin schon historische Höchstsummen an die Rentenversicherung abführen und damit ihre eigene Pension sogar unter der Bedingung einer mäßig wieder ansteigenden Fruchtbarkeitsrate bereits zu über 100 Prozent selbst finanzieren müssen, werden nun noch einmal im Namen der Alterssicherung zur Kasse gebeten. Sie müssen nun auch noch mit höheren Steuern als sonst nötig wären die Prämien für das Hervorlocken künftiger Beitragszahler aufbringen.

Daß die Rentensysteme selber einer gründlichen Reform bedürfen, daß Abstriche am Rentenrecht nötig sind, wissen in Bonn seit langem schon alle Parteien. Die sogenannte «Strukturreform der Rentenversicherung», die möglicherweise nur von einer stillen oder offenen großen Koalition bewältigt werden kann, wurde bislang trotzdem von einer Legislaturperiode zur nächsten vertagt.

Die Neigung der Politiker, Probleme erst dann anzugehen, wenn sie nachhaltig zu schmerzen beginnen, kann im Bereich der Alterssicherungssysteme fatale Weiterungen haben. Nach dem Jahr 2000 steuert die Bundesrepublik auf einen Zustand zu, in dem die über 50jährigen die Mehrheit der Wahlberechtigten stellen.[26] Ob eine Demokratie bei einer solchen Altersverteilung noch zu einer Rentenreform in der Lage sein wird, die nota bene Rentenrechtsverkürzungen beinhalten muß, darf bezweifelt werden.

Was einer Gesellschaft als Folge überstrapazierter und nicht rechtzeitig korrigierter Renten-Umlagesysteme bei wachsender Überalterung drohen könnte, hat Friedrich-August von Hayek einmal in einer sehr bösen Vision so beschrieben:

> «Und letzten Endes wird nicht die Moral, sondern die Tatsache, daß die Jungen die Polizei und das Militär stellen, die Frage entscheiden: Konzentrationslager für die Alten, die sich nicht selbst erhalten können, wird wahrscheinlich das Schicksal einer alten Generation sein, deren Einkommen vollkommen von einer Zwangsausübung auf die Jüngeren abhängt.»[27]

So arg wird es vielleicht dann doch nicht kommen. Aber eins ist sicher: Die ungelösten Rentenprobleme werden, wenn sie weiter schwelen, das gesellschaftliche Klima zunehmend ungemütlich machen.

Anmerkungen

Vorwort

1 Platon: Nomoi 738a und 740a; derselbe: Politeia 460a. Im ökonomischen Bereich beginnt die Diskussion von Bevölkerungsfragen im späten 16. Jahrhundert; vgl. hierzu: Joseph Alois Schumpeter: History of Economic Analysis, New York 1954, insbes. S. 250 ff.

2 Die Bevölkerungsentwicklung und die Bevölkerungsstruktur können aber die Höhe des Kapitalangebots und der Kapitalnachfrage und darüber auch den Zins beeinflussen, der dann wiederum bestimmt, wie ergiebig eine Altersrücklage sein wird.

3 Vgl. etwa Thomas Robert Malthus: Eine Abhandlung über das Bevölkerungsgesetz oder eine Untersuchung seiner Bedeutung für die menschliche Wohlfahrt in Vergangenheit und Zukunft, nebst einer Prüfung unserer Aussichten auf eine künftige Beseitigung oder Linderung der Übel, die es verursacht, übersetzt von Valentine Dorn, 2 Bände, Jena 1905

4 Vgl. Platon: op. cit., aber auch Tommaso Campanella: Sonnenstaat und andere Staatsutopien, in: Der utopische Staat, hrsg. von Klaus J. Heinisch, o.O. 1964, insbes. S. 131

Kapitel 1

Motto: Erich Kästner: Patriotisches Bettgespräch, zitiert nach: Kästner für Erwachsene, hrsg. von Rudolf Walter Leonhardt, Frankfurt/M., S. 65

1 Interview in: Der Stern vom 13.9.1984
2 Zitiert nach Frankfurter Rundschau vom 6.3.1978
3 Die zusammengefaßte Geburtenziffer für 1985 ist eine vorläufige Zahl vom Statistischen Bundesamt. Zu den Geburtenziffern seit 1950 vgl. Statistisches Bundesamt: Fachserie 1, Bevölkerung und Erwerbstätigkeit, Reihe 1, Gebiet und Bevölkerung 1982, Wiesbaden und Mainz 1984, S. 35
4 Deutscher Bundestag: Drucksache 10/863 vom 5.1.84, S. 25
5 Ebenda, S. 135
6 «Volk ohne Raum» war der Titel eines zweibändigen prokolonialistischen Werkes von Hans Grimm, das 1928 beziehungsweise 1930 erschienen ist.
7 Deutscher Bundestag: Drucksache 10/863, S. 126
8 Thomas Robert Malthus: Eine Abhandlung über das Bevölkerungsgesetz oder eine Untersuchung seiner Bedeutung für die menschliche Wohlfahrt in Vergangenheit und Zukunft, nebst einer Prüfung unserer Aussichten auf eine künftige Beseitigung oder Linderung der Übel, die es verursacht, übersetzt von Valentine Dorn, 1. Bd., Jena 1905, S. 15 f.
9 Ebenda
10 Im Deutschen Reich erhöhte sich die Bevölkerungsdichte allein in der relativ kurzen Zeit von 1871 bis 1900 um 37 Prozent. Vgl. Statistisches Bundesamt: Bevölkerung und Wirtschaft 1872 – 1972, Stuttgart und Mainz 1972, S. 90
11 Joseph Alois Schumpeter: A History of Economic Analysis, New York 1954, S. 252
12 Weltbank: Weltentwicklungsbericht 1984, Washington DC 1984, S. 70;
Ernst Kirsten, Ernst Wolfgang Buchholz, Wolfgang Köllmann: Raum und Bevölkerung in der Weltgeschichte, (im folgenden zitiert als «Bevölkerungs-Ploetz»), Bd. 2, Würzburg 1955, S. 144 u. 202

13 Deutscher Bundestag: Drucksache 8/4437 vom 8.8.1980, S. 17;
Statistisches Bundesamt: Fachserie 1, Bevölkerung und Erwerbstätigkeit, Reihe 1, Gebiet und Bevölkerung 1982, Wiesbaden und Mainz 1984, S. 35

14 Deutscher Bundestag: Drucksache 10/3028 vom 14.3.1985, S. 23

15 Jean-Jacques Rosa: Social Security and the Future, in: Jean-Jacques Rosa (Hg.): The World Crisis in Social Security, o.O., 1982, S. 6

16 Heiner Geißler: Familienpolitik in der 10. Legislaturperiode, in: Informationsblatt des Bundesministers für Jugend, Familie und Gesundheit vom 18.8.1983, S. 17

17 Zitiert nach Frankfurter Allgemeine Zeitung vom 22.7.1985

18 Zitiert nach Die Welt vom 22.2.1984

19 Vgl. beispielsweise: M. von Gruber: Ursachen und Bekämpfung des Geburtenrückgangs im Deutschen Reiche, 3. Auflage, München 1914

20 Die kinderreichen Familien in der Not der Zeit! Tagung der Kinderreichen in Dresden 2.-5. Oktober 1930, Berlin 1930, S. 105 f.

21 Regierungserklärung vom 20.10.1953, zitiert nach: Regierungserklärungen, zusammengestellt von Peter Pulte, Berlin, New York 1973, S. 50

22 Soziale Sicherung in der Bundesrepublik Deutschland, Bericht der Sozialenquête-Kommission, Stuttgart, Berlin, Köln, Mainz, o. J., (im folgenden zitiert als Sozialenquête) S. 13

23 Statistisches Bundesamt: Bevölkerung und Wirtschaft 1872 – 1972, S. 109

24 Ebenda

25 Statistisches Bundesamt: Fachserie 1, Reihe 1, (1984) S. 35

26 Statistisches Jahrbuch der Bundesrepublik Deutschland 1985, S. 78

27 Vorläufige Zahl, errechnet vom Statistischen Bundesamt

28 Deutscher Bundestag: Drucksache 8/4437, S. 8

29 Zitiert nach Frankfurter Rundschau vom 6.3.1978

30 Presse- und Informationsamt der Bundesregierung: Bulletin Nr. 3 vom 5.1.1985, S. 19

31 Ebenda, S. 15 ff.

32 Winfried Hain, Horst-Wolf Müller und Jürgen Nowatzki: Finanzielle Auswirkungen der Anrechnung von Kindererziehungszeiten; in: Deutsche Rentenversicherung, Heft 12, 1984, S. 703 ff. (S. 712)

33 Hansjörg Häfele: Mehr als nur ein Geldsegen, in: Rheinischer Merkur vom 20.7.1984

Kapitel 2

Motto: Kurt Tucholsky: An die Meinige, zitiert nach: Kurt Tucholsky: Gesammelte Werke, hrsg. von Mary Gerold-Tucholsky und Fritz J. Raddatz, Bd. I 1907 – 1924, Reinbek bei Hamburg 1960, S. 163

1 Die Zahl der männlichen Einwohner mit römischem Bürgerrecht auf dem Gebiet des römischen Reiches stieg zwar von 28 v. Chr. bis 14 n. Chr., also in der Zeit von Augustus' unangefochtener Alleinherrschaft, beträchtlich: von vier auf fast fünf Millionen. Es wird jedoch vermutet, daß der Zuwachs vor allem durch die Verleihung von Bürgerrechten an Söldner und freigelassene Sklaven zustandekam. Vgl. hierzu: Bevölkerungs-Ploetz Bd.I, insbesondere S. 237 f. und die dort angegebene Literatur

2 Zitiert nach: Roderich von Ungern-Sternberg und Hermann Schubnell: Grundriß der Bevölkerungswissenschaft, Stuttgart 1950, S. 554

3 Grand Larousse, Enzyklopädie in 10 Bd., Bd. 8, S. 672 ff., Librairie Larousse, Paris 1963, Stichwort: Population

4 Bevölkerungs-Ploetz, Bd. 2, S. 30 und S. 144

5 Zitiert nach: Roderich von Ungern-Sternberg und Hermann Schubnell: op. cit., S. 554

6 Gerhard Mackenroth: Bevölkerungslehre. Theorie, Soziologie und Statistik der Bevölkerung, Berlin, Göttingen, Heidelberg 1953, S. 118 f.

7 Grand Larousse, Enzyklopädie in 10 Bd., Bd. 8, S. 672 ff., Librairie Larousse, Paris 1963, Stichwort: Population

8 Ebenda

9 Vgl. Gerhardt Mackenroth: op. cit., S. 126; und Deutscher Bundestag: Drucksache 8/4437 vom 8.8.1980, S. 34

10 Ebenda

11 Das Faktum, daß die Nettoreproduktionsrate in der zweiten Hälfte der dreißiger Jahre nicht im entferntesten den Stand erreichte wie – zu demokratischen Zeiten – in den fünfziger und sechziger Jahren, widerlegt die These von Mackenroth, nach der «undifferenzierte Massen» auf Geheiß von Führern «lieber hungern als auf ein Dutzend und mehr Kinder zu verzichten» (Gerhard Mackenroth: op. cit., S. 499).

12 Roderich von Ungern-Sternberg und Hermann Schubnell: op. cit., S. 577

13 Gepräch mit d. Verf.

14 International Labour Office: The Cost of Social Security, Genf, verschiedene Jahrgänge von 1949 bis 1960

15 Andreas Netzler, Anita B. Pfaff: Internationaler Vergleich familienpolitischer Leistungen, Leitershofen 1982, Bd. II, S. 56

16 Handelsblatt vom 8.1.1985

17 Eurostat: Bevölkerungsstatistik 1985, Luxembourg 1985, S. 95

18 Zur Bevölkerungspolitik der DDR vgl. Andreas Netzler, Anita B. Pfaff: op. cit., S. 22 ff.

19 Auf dem XI. Parteitag der SED wurden weitere Gebärprämien, etwa ein stark erhöhtes Kindergeld ab Mai 1987 beschlossen.

20 Die altersspezifische Fruchtbarkeitsziffer der Frauen von 14 bis unter 45 Jahren sank schon von 1980 bis 1982 beträchtlich. Vgl. Statistisches Jahrbuch der DDR 1984, S. 370, Tabelle 10

21 Errechnet aus: Ebenda, Tabelle 11

22 Deutscher Bundestag: Drucksache 8/4437, S. 31

23 CDU/CSU-Fraktion im Deutschen Bundestag: Bericht der Kommission Familienlastenausgleich – Familienpolitik im Wandel, April 1985, S. 79

24 Ebenda

Kapitel 3

Motto: Joachim Ringelnatz: Die Geburtenzahl, zitiert nach: Joachim Ringelnatz: . . .und auf einmal steht es neben dir. Gesammelte Gedichte, Berlin 1964, S. 107

1 Sozialenquête, S. 30
2 Vgl. Fritz Emil Bünger: Familienpolitik in Deutschland, Sozialpolitische Schriften Heft 25, Berlin 1970, S. 14 ff.
3 Aktionsgemeinschaft Soziale Marktwirtschaft, Tagungsprotokoll 12: Sinnvolle und sinnwidrige Sozialpolitik, Ludwigsburg 1959, S. 186
4 Ebenda, S. 182
5 Wilfrid Schreiber: Familienpolitische Einkommensumverteilung in der Sozialen Marktwirtschaft, in: Politische Akademie Eichholz e.V. (Hg.): Familienpolitik in der Industriegesellschaft, Bonn 1964, S. 129
6 Hans Willgeroth: Der Familienlastenausgleich im Rahmen der Sozialreform, in: Ordo, Jahrbuch für die Ordnung von Wirtschaft und Gesellschaft, 8. Bd. 1956, S. 162
7 Bei Haushaltseinkommen unterhalb von 41 520 DM netto liegt das Kindergeld für das zweite Kind bei 100 Mark, für das dritte bei 220, für jedes weitere bei 240 Mark im Monat (Stand: Mitte 1986).
8 Hans-Ludwig Dornbusch: Zum Kinderlastenausgleich, in: Zeitschrift für das gesamte Familienrecht. 30. Jg. (1983), Heft 2, S. 110
9 Andreas Netzler, Anita B. Pfaff: op. cit., Bd. I, S. 65
10 Hans-Ludwig Dornbusch: op. cit., S. 110
11 Heiner Geißler, op. cit., S. 19
12 Deutscher Bundestag: Plenarprotokoll 10/141 (Sitzung vom 14.5.1985), S. 10488
13 Fritz Emil Bünger: op. cit., S. 47
14 Hans Beckendorff: Ausgleich der Familienlasten? Finanzwirtschaftliche Probleme einer Kinderbeihilfe, Berlin 1953, S. 21
15 Wilfrid Schreiber: Bevölkerungspolitik, in: Staatslexikon, Bd.1, Berlin, Göttingen, Heidelberg 1953, Sp. 1229

16 Regierungserklärung vom 20.10.1953, zitiert nach: Regierungserklärungen op. cit., S. 51

17 Vgl. etwa Karl Schwarz: Zur Problematik der unerfüllten Kinderwünsche, in: Zeitschrift für Bevölkerungswissenschaft, 9. Jg. (1983), Heft 3, S. 401 ff.

18 Allensbacher Jahrbuch Demoskopie 1978 – 1983, Bd. 8, hrsg. von Elisabeth Noelle-Neumann und Edgar Piel, München 1983, S. 91

19 Statistisches Bundesamt: Fachserie 1, Reihe 1 (1984), S. 88

20 Norman Ryder: A Critique of the National Fertility Study, in: Demography, 10. Jg. (1973), Heft 4, S. 495 f.

21 Heiner Geißler: op. cit., S. 17

22 Andreas Netzler, Anita B. Pfaff: op. cit. Bd. 2, S. 20; Statistisches Jahrbuch der Bundesrepublik Deutschland 1985, S. 536

23 Statistisches Jahrbuch der Bundesrepublik Deutschland 1976 und 1982

24 Nach Auskunft des Bundesministeriums für Arbeit und Sozialordnung

25 Irmgard Karwatzki: Jungen Menschen Mut zur Familie machen, in: Informationsblatt des Bundesministers für Jugend, Familie und Gesundheit vom 2.2.1984, S. 11

26 Heiner Geißler: op. cit., S. 17

27 Irmgard Karwatzki: op. cit., S. 11

28 Der sogenannte Regelbedarf wird gemäß § 1615 f. BGB von der Bundesregierung mit Zustimmung des Bundesrates durch Rechtsverordnung festgesetzt.

29 Die erheblich höhere Vergünstigung je Kind, die Alleinstehende im Vergleich zu Ehepaaren erhalten, ergibt sich aus dem Haushaltsfreibetrag gemäß § 32,7 und der Abzugsmöglichkeit von Kinderbetreuungskosten gemäß § 33c Einkommensteuergesetz.

30 Der Kindergeldzuschlag beträgt 46 Mark im Monat.

Kapitel 4

Motto: Christian Morgenstern: Täuschung, zitiert nach: Christian Morgenstern: Alle Galgenlieder, Wiesbaden 1958, S. 197

1 Vgl. etwa Helmut Ball: Zukunftsvorsorge und ökonomische Entwicklung, Frankfurt/M., New York 1984; und Wolfram Engels: Über Freiheit, Gleichheit und Brüderlichkeit, Bad Homburg 1985

2 Gary S. Becker: An Economic Analysis of Fertility, in: National Bureau of Economic Research: Demographic and Economic Changes in Developed Countries, Princeton, N.Y. 1960, S. 209 ff.

3 Harvey Leibenstein: An Interpretation of the Economic Theory of Fertility: Promising Path or Blind Alley? in: Journal of Economic Literature, Vol. XII (1974) Nr. 2, S. 455 ff. (S. 466 f.)

4 Weltentwicklungsbericht 1984, S. 71

5 US-Department of Commerce, Bureau of the Census: Statistical Abstract of the United States 1986, 106th Ed., Washington DC 1985, S. 61

6 Deutscher Bundestag: Drucksache 8/4437 vom 8.8.80, S. 21

7 Gary S. Becker: op. cit.

8 Harvey Leibenstein: op. cit., S. 467

9 CDU/CSU-Fraktion im Deutschen Bundestag: op. cit., S. 44

10 Vgl. Frankfurter Rundschau vom 17.7.1985

11 Errechnet aus: Statistisches Jahrbuch der Bundesrepublik Deutschland 1985, S. 98

12 Charlotte Höhn: Kinderzahl ausgewählter Bevölkerungsgruppen, in: Wirtschaft und Statistik, Heft 5/1978, S. 278 ff.; Wirtschaft und Statistik, Heft 11/1985, S. 761*

13 CDU/CSU-Fraktion im Deutschen Bundestag: op. cit., S. 58

14 Deutscher Bundestag: Drucksache 8/4437, S. 26

15 Ernst Wagemann: Narrenspiegel der Statistik. Die Umrisse eines statistischen Weltbildes, 2. Aufl., Hamburg 1942, S. 177 f.

16 Edmund Stoiber: Ein kostbares Gut bewahren, in: Bayernkurier vom 4.8.1984
17 Weltentwicklungsbericht 1984, S. 71
18 Ebenda, S. 59
19 Ebenda, S. 73
20 Neueste verfügbare Zahl nach Auskunft des Statistischen Bundesamtes
21 Statistisches Jahrbuch der Bundesrepublik Deutschland 1962, S. 47; und Statistisches Jahrbuch der Bundesrepublik Deutschland 1985, S. 64
22 Ebenda S. 71
23 Vgl. hierzu Harvey Lebenstein: op. cit., insbes. S. 470 ff.
24 Familienentwicklung in Nordrhein-Westfalen. Generatives Verhalten im sozialen und regionalen Kontext, Heft 47, Schriftenreihe des Ministerpräsidenten des Landes Nordrhein-Westfalen, Düsseldorf 1985, S. 75
25 Vgl. Richard A. Easterlin: Towards a Socioeconomic Theory of Fertility: A Survey of Recent Research on Economic Factors in American Fertility, in: S. J. Behrman, L. Corsa Jr. and R. Freedmann (Hg.): Fertility and Family Planning: A World View, Ann Arbor 1969
26 Zitiert nach: Süddeutsche Zeitung vom 22.7.1985
27 James Mill: Elements of Political Economy, London 1821, S. 50
28 Karl Marx: Das Kapital. Kritik der politischen Ökonomie, 1. Bd., Berlin 1969, S. 373
29 Der wissenschaftliche Beirat beim Bundesministerium für Wirtschaft: 10. Bd. Gutachten vom Dezember 1978 bis Februar 1980, S. 999 ff. (S. 1022 f. und S. 1044)

Kapitel 5

Motto: Eugen Roth: Am Tisch des Lebens, zitiert nach: Eugen Roth: Sämtliche Werke, 1. Bd., München und Wien 1977, S. 297

1 In der Systematik der Volkswirtschaftlichen Gesamtrechnung zählen die Arbeitgeberbeiträge zu allen Sozialversicherungen deshalb auch völlig folgerichtig zum «Bruttoeinkommen aus Arbeitnehmertätigkeit.»

2 Vgl. Deutscher Bundestag: Plenarprotokoll 10/24 vom 28.9.1983, S. 1644

3 Georg Henbeck: Die Rentendynamik von 1957 bis 1985 und ihre Lehren; in: Arbeit und Sozialpolitik, Heft 9/10, 1985 (39. Jg.), S. 316 ff. (S. 322)

4 Helmut Kaltenbach: Relation zwischen Beitrag und Rente, 11. Presseseminar der BfA vom 16. und 17. 2.1984, vervielf. Manuskript.

5 Ausarbeitung der Hauptabteilung Volkswirtschaft vom 28.2.1985

6 Klaus Hoffmann und Jürgen Genzke: Modellrechnungen über die langfristige finanzielle Entwicklung der gesetzlichen Rentenversicherung; in: Die Angestelltenversicherung, Heft 9, 1985 (32. Jg.), S. 337 ff. (S. 337)

7 Errechnet aus: ebenda

8 Die Belastungsquote q_t zum Zeitpunkt t ist zu errechnen nach der Formel

$$\sqrt{q_t = \frac{2(k+a+r+t)}{2+k+a+r}}$$

wobei gilt:
k=Krankenkassenbeitragssatz,
a=Beitragssatz zur Arbeitslosenversicherung
t=durchschnittlicher Besteuerungssatz (indirekte und direkte Besteuerung),
r=Beitragssatz zur Rentenversicherung

9 Vgl. Horst-Wolf Müller: Zur demographischen Komponente als Indikator für die Finanzentwicklung der Rentenversicherung; in: Deutsche Rentenversicherung, Heft 12, 1985, S.725 ff. (S. 742)

10 Auskunft des Verbandes Deutscher Rentenversicherungsträger
11 Norbert Blüm: Die Zukunft der Rentenversicherung; in: Deutsche Rentenversicherung, Heft 6,7,8/1985, S. 325 ff. (S. 332)
12 Vgl. Wirtschaft und Statistik, Heft 6, 1984, S. 536
13 Vgl. Statistisches Bundesamt: Lange Reihen zur Wirtschaftsentwicklung 1982, Stuttgart und Mainz 1982, S. 226; und: Wirtschaft und Statistik, Heft 9, 1985, S. 717
14 Deutsche Bundesbank: Monatsberichte 38. Jg. Nr. 1, Januar 1986, S. 21 f.
15 Helmut Kaltenbach: op. cit., S. 4
16 Rudolf Kolb: Versicherung oder Versorgung – bleibt die Beitragsgerechtigkeit auf der Strecke? in: Arbeit und Sozialpolitik, Heft 9,10/1985 (39. Jg.), S. 304 ff. (S. 309)
17 Transfer-Enquête-Kommission: Zur Einkommenslage der Rentner. Zwischenbericht der Kommission, Bonn 1979, S. 92 und 99 f.
18 Vgl. Klaus Hoffmann und Jürgen Genzke; op. cit., S. 328

Kapitel 6

Motto: Johann Wolfgang von Goethe: Lug und Trug (1815), zitiert nach: Goethes Werke, hrsg. von Uwe Lassen, Hamburg o.J., Bd. 1, S. 294

1 Deutscher Bundestag: Plenarprotokoll 10/154 vom 6.9.1985, S. 11564
2 Norbert Blüm: Die Zukunft der Rentenversicherung; in: Deutsche Rentenversicherung, Heft 6,7,8/1985, S. 325 ff. (S.331)
3 Sozialdemokratische Partei Deutschlands: Materialien. Bleibt meine Rente sicher?, Bonn o. J.
4 Deutscher Bundestag: Drucksache 10/2608 vom 12. 12.1984, S. 103
5 Norbert Blüm: op. cit., S. 326
6 Sozialdemokratische Partei Deutschlands: op. cit.

7 Norbert Blüm: op. cit., S. 331

8 Vgl. hierzu Peter Thullen: Das Prinzip der Beitragsäquivalenz im Zusammenhang mit den Finanzierungsverfahren der gesetzlichen Rentenversicherung; in: Deutsche Rentenversicherung Heft 3, 1982, S. 124 ff., insbes. S. 132 ff.

9 Deutsche Bundesbank: Monatsberichte, März 1959, S. 22

10 Gerhard Mackenroth: Die Reform der Sozialpolitik durch einen deutschen Sozialplan; in: Schriften des Vereins für Socialpolitik., N.F. Bd. 4, Berlin 1952, S. 41

11 Wilfrid Schreiber: Existenzsicherheit in der industriellen Gesellschaft, Köln 1955, S. 43

12 Die Getreidespeicher, die der Pharao auf Josefs Anraten für die mageren Jahre anlegen ließ, waren gesamtwirtschaftliches Sparen. Genesis 41, 1-57

13 Vgl. hierzu Wilhelm Röpke: Probleme der kollektiven Alterssicherung; in: Frankfurter Allgemeine Zeitung vom 25. 2.1956; und Helmut Schlesinger: Der Bürger ist für seine Rente verantwortlich; in: Frankfurter Allgemeine Zeitung vom 9.11.1985

14 Friedrich August von Hayek: Die Verfassung der Freiheit, Tübingen 1971, S. 375 (die englische Originalausgabe «The Constitution of Liberty» ist 1960 in Chicago und London erschienen)

15 Ebenda

16 Ebenda, S. 376

17 Errechnet aus: Deutsche Bundesbank: Monatsberichte September 1966, S. 6

Kapitel 7

Motto: Jos. Sami Tauber: Besitz zitiert nach: Franz von Lipperheide: Spruchwörterbuch, München 1909, S. 368

1 Der Deutsche Gewerkschaftsbund verlangte auf seinem 11. Bundeskongreß 1978, daß sogar erst eine Rente, die 90 Prozent des letzten *Netto*einkommens erreicht, als «angemes-

sen» anzusehen wäre. Vgl. Gerd Muhr: Soziale Rentenversicherung vor schwierigen Problemen (II) in: Soziale Sicherheit, 28. Jg. (1979) Heft 2, S. 33 ff. (S. 35)

2 Auf Beschluß der Bundesregierung wurde Mitte 1981 eine Kommission eingesetzt, die sich mit dem Vergleich und der Harmonisierungsmöglichkeit der staatlichen Alterssicherungssysteme beschäftigen sollte. Vgl. Sachverständigenkommission Alterssicherungssysteme: Vergleich der Alterssicherungssysteme und Empfehlungen der Kommission, Berichtsband I, Bonn 1983

3 Vgl. Die Welt vom 17.1.1985

4 Franz Ruland: Möglichkeiten und Grenzen einer Annäherung der Beamtenversorgung an die gesetzliche Rentenversicherung, Anlageband B zum «Gutachten der Sachverständigenkommission, Alterssicherungssysteme», Bonn 1983, insbes. S. 73 ff.

5 Fürst Bismarcks Reden, hrsg. von Philipp Stein, 12. Band: Unter drei Kaisern, Leipzig o.J., S. 245

6 Walter G. Hoffmann: Das Wachstum der deutschen Wirtschaft seit der Mitte des 19. Jahrhunderts, Berlin, Heidelberg, New York 1965, S. 468 f.

7 Franz Ruland: op. cit., S. 81 ff.

8 Max Weber: Wirtschaft und Gesellschaft. 4. Auflage, 2. Halbband, Tübingen 1956, S. 578

9 Rudolf Kolb: Gesetzliche Rentenversicherung, in: Sachverständigenkommission Alterssicherungssysteme, Berichtsband 2, Bonn 1983, S. 52

10 Walter Steeger: Das Zugangsrentenniveau in der Rentenversicherung der Arbeiter (ArV) und der Angestellten (AnV) für den Rentenzugang des Jahres 1984, in: Deutsche Rentenversicherung, Heft 6,7,8/1985, S. 404 ff. (S. 409 und S. 414)

11 § 19, Absatz 2 Einkommensteuergesetz

12 Die formell vom Arbeitgeber getragene Hälfte des gesamten Rentenversicherungsbeitrags ist von vornherein steuerfrei. Die andere Hälfte, der Arbeitnehmerbeitrag, ist durch die allerdings begrenzte Abzugsfähigkeit der Vorsorgeaufwendungen steuerlich begünstigt. Bei verheirateten Arbeitnehmern mit Durchschnittsverdiensten reichte die steuerliche Behandlung der Vorsorgeaufwendungen bislang immer

aus, um die Rentenversicherungsbeiträge steuerfrei zu stellen. Dies ist nicht mehr der Fall bei ledigen Arbeitnehmern, insbesondere nicht bei solchen, deren Verdienste nahe an der Beitragsbemessungsgrenze der Rentenversicherung liegen. Vgl. hierzu Konrad Littmann: Besteuerung von Alterseinkommen, in: Sachverständigenkommission Alterssicherungssysteme: Berichtsband 2, Bonn 1983, S. 425 ff (S. 457)

13 Das ergibt sich aus der Ertragsanteilbesteuerung gemäß § 22 Einkommensteuergesetz.

14 Verband Deutscher Rentenversicherungsträger: VDR-Statistik Pflichtversicherte 1983/1984, Frankfurt 1985, S. 249

15 Bundesgesetzblatt 1982, Teil 1, Nr. 54, S. 1872 ff.; und: Statistisches Jahrbuch 1985 für die Bundesrepublik Deutschland, S. 476

16 Vgl. Bundesbesoldungsgesetz Anlage I und Anlage IX

17 Vgl. Walter Steeger: op. cit. und die dort genannten absoluten Rentenhöhen und ihre Streuung.

18 Vgl. hierzu: Betriebliche Altersversorgung in der Bundesrepublik Deutschland, in: Deutsche Bundesbank: Monatsberichte, 36. Jg., Nr. 8, August 1984, S. 30 ff. (S. 33 und 35)

19 Vgl. zu der sehr spät, erst in den 30er Jahren dieses Jahrhunderts, einsetzenden Entwicklung einer staatlichen Altersversorgung in den USA: Milton Friedman: Capitalism and Freedom, Chicago & London, 9. Aufl. 1969, insbes. S. 182 ff.

20 Zitiert nach: Fürst Bismarcks Reden, op. cit., S. 226

21 Hans Achinger: Sozialpolitik als Gesellschaftspolitik, Hamburg 1958, S. 58

22 Immerhin gab es zu dem Zeitpunkt schon Gewerkschaften, die in eigener Regie Arbeitslosenversicherungen, Kranken- und Invalidenkassen betrieben; es gab genossenschaftliche Sparkassen; es hätten auch genossenschaftliche Altersversicherungen auf Gegenseitigkeit entstehen können wie – beispielsweise – gleichzeitig in den USA. Bedurft hätte es dann nur der staatlichen Versicherungsaufsicht.

23 Eduard Heimann: Soziale Theorie der Wirtschaftssysteme, Tübingen 1963, S. 156; Heimann fügt hinzu, daß der Staatszuschuß zu den Altersversicherungen – er betrug zu Bismarcks Zeiten ein Drittel des Versicherungsaufkommens – ein gewisses Umverteilungselement auch zu Lasten der Pro-

fite hineinbringt. Dies ist heute eher fraglich angesichts der Tatsache, daß die sozialversicherungspflichtigen Arbeitnehmer auch die Masse des Steueraufkommens bringen. Es war aber auch damals schon angesichts der ungeklärten Steuerinzidenz nicht ausgemacht.

24 Max Weber: op. cit., S. 4 f.

25 Karl Marx: Das Kapital, Bd. 1, Berlin 1969, S. 182

26 Max Weber: op. cit., S. 563

27 Herbert Ehrenberg und Anke Fuchs: Sozialstaat und Freiheit, Frankfurt/M. 1980, S. 159

28 Verein Deutscher Ingenieure: VDI-Report, Ingenieure in Privatwirtschaft und Öffentlichem Dienst, Karrierevergleich 1982, o. O., o. J.

29 Ebenda, S. 4

30 Ebenda, S. 20 ff.

31 Sachverständigenrat zur Begutachtung der gesamtwirtschaftlichen Entwicklung: Stabiles Geld – stetiges Wachstum, Jahresgutachten 1964/65, 2. Auflage, Stuttgart 1965, S. 77 (Ziffer 138)

32 Ebenda, S. 76

33 Statistisches Bundesamt: Fachserie 14, Finanzen und Steuern, Reihe 6, Personal des Öffentlichen Dienstes 1985, S. 148

Kapitel 8

Motto: Wilhelm Busch: Ich bin Papa, zitiert nach: Wilhelm Busch: Späße und Weisheiten, Frankfurt am Main 1959, S. 254

1 Nach der Sterbetafel 1871/80, vgl. Statistisches Bundesamt: Bevölkerung und Wirtschaft 1872 – 1972, Stuttgart und Mainz 1972, S. 110

2 Nach der Sterbetafel 1981/83, vgl. Statistisches Jahrbuch 1985 für die Bundesrepublik Deutschland, S. 78

3 Horst-Wolf Müller: Zur demographischen Komponente als Indikator für die Finanzentwicklung der Rentenversiche-

rung, in: Deutsche Rentenversicherung, Heft 12, 1985, S. 725 ff. (S. 736)

4 Deutscher Bundestag: Stenographische Berichte: 2. Wahlperiode, 184. Sitzung vom 16.1.1957, S. 10253; Die Begründung des Bundesrates war ähnlich gewesen. Vgl. Deutscher Bundestag 2. Wahlperiode *zu* Drucksache 2437, vom 21.6.1956, S. 6

5 Deutscher Bundestag: Drucksache 10/1091 ohne Datum, S. 7

6 Horst-Wolf Müller und Uwe Rehfeld: Die Sterblichkeit von Altersrentnern der gesetzlichen Rentenversicherung in den Jahren 1982 bis 1984 – zur Lebenserwartung berufstätiger Frauen und Männer, in: Deutsche Rentenversicherung, Heft 6,7,8/1985, S. 382 ff., insbes. S. 393 f.

7 Verband Deutscher Rentenversicherungsträger: Rentenversicherung in Zahlen 1985, Frankfurt/M., S. 50

8 Vgl. Johann Zweng und Reinhard Scheerer: Kommentar zur Rentenversicherung, 2. Auflage, 13. Lieferung, § 1248, S. 6

9 Rentenanpassungsbericht 1979, in: Deutscher Bundestag: Drucksache 8/2709 vom 28.3.1979

10 Wirtschaft und Statistik, Heft 2/1985, S. 155, Heft 9/1982, S. 690, Heft 3/1979, S. 226 und Heft 2/1951, S. 141*

11 Johann Zweng und Reinhard Scheerer: op. cit., § 1248, S. 6

12 Die 16,8 Prozent sind der versicherungsmathematische Abschlag, der sich ergäbe, wenn die Kürzung nicht nur auf die Versicherten-, sondern auch auf die Witwenrente voll durchschlagen soll.

13 Verband Deutscher Rentenversicherungsträger: VDR-Statistik Rentenbestand am 1. Januar 1985, Bd. 65, Frankfurt/M. 1985, S. 36 ff.

14 Derselbe: VDR-Statistik Rentenzugang des Jahres 1984, Bd. 66, Frankfurt/M. 1985, S. 83

15 § 1248, Absatz 1 in Verbindung mit Absatz 7 Reichsversicherungsordnung

16 Errechnet aus: Verband Deutscher Rentenversicherungsträger: VDR-Statistik Rentenbestand 1985, Bd. 65, S. 43 und:

Derselbe: VDR-Statistik Pflichtversicherte 1983/84, Bd. 69, S. 28

17 Das ergibt sich aus der durchschnittlichen weiteren Lebenserwartung im Alter von 60 Jahren.

18 Vgl. hierzu Georg Henbeck: Die Rentendynamik von 1957 bis 1985 und ihre Lehren, in: Arbeit und Sozialpolitik, Heft 9,10/1985, 39. Jg., S. 316 ff.

19 Ebenda, S. 320

20 Joahnn Zweng, Reinhard Scheerer: op. cit., § 1249, S. 3

21 Deutscher Bundestag: 2. Wahlperiode *zu* Drucksache 2437, S. 6

22 Helmut Kaltenbach: Altersgrenzen und Alterslast – Möglichkeiten einer Strukturreform, in: Arbeit und Sozialpolitik Heft 9,10/1985, 39. Jg. S. 322 ff. (S. 323)

Kapitel 9

Motto: Wilhelm Busch: Maler Klecksel, zitiert nach: Wilhelm Busch: op. cit., S. 183

1 Zur Kritik an den vielerlei Armuts-Kategorien, vgl. Renate Merklein: Griff in die eigene Tasche. Hintergeht der Bonner Sozialstaat seine Bürger? SPIEGEL-Buch Nr. 5, Reinbek bei Hamburg 1980, insbes. S. 47 ff.

2 Deutscher Bundestag: Drucksache VI/3432 vom 12.5.1972 (Sozialbericht 1972), S. 4

3 Peter Thullen: Gedanken zur deutschen Rentenversicherung, in: Deutsche Rentenversicherung, Heft 7/1983, S. 401 ff. (S. 408)

4 Eine Lebendgeburt als Quasi-Beitragszahlung anzusehen, ist auch bei einem Umlageverfahren nicht schlüssig, da Kinder ja auch zu solchen Bürgern heranwachsen können, die sich der Steuer- und Rentenversicherungspflicht entziehen.

5 Bundessozialgericht, Großer Senat. Beschluß vom 10.12.1982 – GS 2, 3, 4/75 und 3/76 (Celle/Mainz)

6 Zitiert nach: Neue Juristische Wochenschrift 1977, Heft 46, S. 2135

7 Errechnet aus: Verband Deutscher Rentenversicherungsträger: VDR-Statistik Rentenzugang Bd. 60 (1982), S. 44 f. und Bd. 62 (1984), S. 56

8 Jene, die vor der Gesetzesänderung Erwerbsunfähigkeitsrenten bezogen hatten, ohne erwerbswillig zu sein, werden zwar nun erst später eine Rente beziehen können. Dieser Spareffekt wird aber konterkariert dadurch, daß auch diejenigen, die diesen Trick nicht versucht hätten, eine Rente erhalten.

9 Helmut Schlesinger: Rentenversicherung und gesamtwirtschaftliche Entwicklung, in: Klaus Schenke und Winfried Schmähl: Alterssicherung als Aufgabe für Wissenschaft und Politik. Helmut Meinhold zum 65. Geburtstag, Stuttgart, Berlin, Köln, Mainz 1979, S. 172 ff., (S. 177)

10 Die Schwankungsreserve der Rentenversicherungen, die 1974 noch 44 Milliarden Mark betrug, schmolz bis 1984 auf 9,7 Milliarden Mark zusammen. Vgl. Verband Deutscher Rentenversicherungsträger: Rentenversicherung in Zahlen 1985, S. 12

11 Helmut Schlesinger: op. cit., S. 178

Kapitel 10

Motto: Johann Wolfgang von Goethe: Faust. Erster Teil, Schülerszene, zitiert nach: Goethes Werke, Bd. V, Hamburg o.J., S. 64

1 Horst-Wolf Müller: Zur demographischen Komponente als Indikator für die Finanzentwicklung der Rentenversicherung, a.a.O., S. 732 und: Deutsche Bundesbank: Monatsberichte September 1966, S. 5

2 Norbert Blüm: op. cit., S. 331

3 Statistisches Jahrbuch für die Bundesrepublik Deutschland 1960, S. 47 und Horst-Wolf Müller: op. cit., S. 732

4 Ebenda

5 Ebenda

6 Ebenda
7 Harry G. Johnson: Equality and Economic Theory, zuerst gedruckt in: Nebraska Journal of Economics and Business, Vol. 14 (1975), S. 3 ff., wiederabgedruckt in: William Letwin (Hg.): Against Equality, London and Busingstoke 1983, S. 276 ff. (S. 279); das Originalzitat lautet: Income distribution is a far more socially exciting concern entirely; and it enables its student to appeal to philosophical and moral considerations – ‹justice› and ‹equity› and ‹fairness› – which are inherently non-quantifiable and hence can easily be assigned infinite quantitative importance by contrast with the penny-pinching and cheese-paring quantities with which positive economics concerns itself.
8 Ebenda, S. 283: The most important general point about the dominance of ultimately religious concepts in thinking about social reform is that religion is a consumption and not a production activity – it contributes only prayers for the success of the producers' efforts against the hazards of nature and the benign neglectfulness of God himself, while claiming its material tithe from the harvest.
9 Ebenda: I do not in saying this intend to commit myself on the basic question of which is more important, making the living, or making the living worthwhile, but only to point out that society may be badly advised indeed to take its advice on economic morality from parasites on the social surplus, whatever their claims for moral entitlement to that position and the complementary role as adviser may be – religious calling, noble birth, a good education, youthful self-confidence, or the study of social science.
10 Es gab zuvor auch die Diskussion, den Arbeitgeberanteil auf *aufkommensneutrale* Weise an der Wertschöpfung statt am Lohn festzumachen. Vgl. Bert Rürup: Reform der Arbeitgeberbeiträge zur Gesetzlichen Rentenversicherung, in: Wirtschaftsdienst, 79. Jg., 1979, Heft 11, S. 547 ff.
11 Gutachten des Sozialbeirats über eine Strukturreform zur längerfristigen Konsolidierung und systematischen Fortentwicklung der gesetzlichen Rentenversicherung im Rahmen der gesamten Alterssicherung, vervielf. Manuskript, o.J., S. 62
12 Ebenda, S. 63 f.

13 Ebenda, S. 28
14 Ebenda, S. 35 (Hervorhebung vom Verf.)
15 Horst-Wolf Müller: op. cit., S. 735
16 Gert Wagner: Umverteilung in der gesetzlichen Rentenversicherung, Frankfurt/Main., New York 1984, S. 216 ff.
17 Ebenda
18 Ebenda, S. 303
19 Jean-Jacques Rosa (Hg.): The World Crisis in Social Security, Paris 1982
20 A. Lawrence Chickering, Jean-Jacques Rosa: A Political Dilemma, in: Jean-Jacques Rosa: op. cit., S. 213
21 Ebenda, S. 208
22 Public Law 98-21, 98th Congress, An act to assure the solvency of the Social Security Trust Funds, to reform the medicare reimbursement of hospitals, to extend the Federal supplemental compensation program, and for other purposes, Apr. 20, 1983 (HR 1900)
23 The Guardian vom 17.12.1985
24 Noriyuki Takayama: Japan, in: Jean-Jacques Rosa: op. cit., S. 72 ff. (S. 78)
25 Ebenda, S. 80 f.
26 Das ergibt sich um das Jahr 2010 herum, wenn die Fruchtbarkeit nicht sehr bald wieder ansteigt.
27 Friedrich August von Hayek: op. cit., S. 377

Anhang zu Kapitel 7

Bei der Berechnung der unterschiedlichen Lebenseinkommen von Beamten und Arbeitnehmern der Privatwirtschaft wurden folgende Annahmen gemacht: Es wurden gleiche persönliche Daten für die Beamten der unterschiedlichen Laufbahnen auf der einen Seite und für die industriell beschäftigten Arbeitnehmer auf der anderen Seite unterstellt. Die Einkommensdaten sind der amtlichen Statistik entnommen, wobei für die Beamten die unten angegebenen Beförderungsverläufe unterstellt wurden.

Die Annahmen im einzelnen:

Persönliche Daten (gleich für alle betrachteten Einkommensverläufe, wenn nicht anders angegeben)

Geburt: 1. Januar1922
Geschlecht: männlich
Berufseintritt (gegebenenfalls Beginn Lehre beziehungsweise Anlernzeit): 1. Januar 1936
Unterbrechung der Erwerbstätigkeit infolge Kriegsdienst und Gefangenschaft: vom 1. Januar 1940 bis 31. Dezember 1948
Ausbildung: entsprechend der angegebenen Qualifikation (Facharbeiter: Volksschule, dreijährige Lehre; Meister: Facharbeiterausbildung mit anschließenden Meisterlehrgängen und Meisterprüfungen).
Für die Beamten wird unterstellt, daß sie eine Facharbeiter- beziehungsweise Meisterausbildung in der Privatwirtschaft absolvierten und dann im Alter von 27 Jahren in den öffentlichen Dienst eintraten.
Bezug von Rente/Pension: ab dem 60., alternativ ab dem 65. Lebensjahr, bis zum vollendeten 76. Lebensjahr (entspricht der mittleren Lebenserwartung eines 60jährigen).
Witwenrente/-pension: keine, da Ehefrau vorher verstorben.

Einkommensdaten

Erwerbseinkommen

Beamte

1. Beförderungen:

▷ Einfacher Dienst:
Eintritt mit 27 Jahren in die damalige Besoldungsgruppe A 10b (heutige Besoldungsgruppe A1);
Beförderung mit 29 Jahren nach A 10a (A2);
Beförderung mit 32 Jahren nach A 9a (A3);
Beförderung mit 35 Jahren nach A 8a (A5);
von da ab in Besoldungsgruppe A5.

▷ Mittlerer Dienst:
Eintritt mit 27 Jahren in die damalige Besoldungsgruppe A 8a (heutige Besoldungsgruppe A5);
Beförderung mit 29 Jahren nach A 7a (A 6);
Beförderung mit 32 Jahren nach A 6 (A 6);
Beförderung mit 35 Jahren nach A 7 (heutige Besoldungsgruppe);
Beförderung mit 39 Jahren nach A 8;
Beförderung mit 46 Jahren nach A 9;
Beförderung mit 59 Jahren nach A 9 mit Zulage.

2. Gehälter:
Grundgehalt und Ortszuschlag (für einen verheirateten (Bundes-Beamten mit 1 Kind) laut der Statistischen Jahrbücher der Jahrgänge 1952 bis 1984; ohne allgemeine Stellenzulage; für Meister mit Technikerzulage (87 Mark);
Ansteigen der Dienstaltersstufe von der 4. bis zur 13. Dienstaltersstufe mit zwei Prozent je Stufe simuliert
13. Monatsgehalt und Urlaubsgeld nicht berücksichtigt;
1984 keine Anpassung, ab 1985 plus 3,5 Prozent jährlich unterstellt.

Arbeiter und Meister in der Industrie

Durchschnittliche Effektivlöhne und -gehälter, wie sie für die

einzelnen Qualifikationsgruppen in den Statistischen Jahrbüchern, Jahrgänge 1952 bis 1984, ausgewiesen wurden;
die dort fehlenden Daten für die Gehälter der Meister in den fünfziger Jahren wurden ergänzt durch die Angaben, die der Verband der Metallindustrie Nordrhein-Westfalen aus seinem Tarifarchiv freundlicherweise zur Verfügung stellte;
13. Monatsgehälter und Urlaubsgelder wurden nicht berücksichtigt;
ab 1985 wurde ein jährlicher Zuwachs von 3,5 Prozent p.a. unterstellt;
alle jährlichen Brutto-Einkommen wurden um die jeweiligen Arbeitnehmeranteile zur Renten- und Arbeitslosenversicherung bereinigt; das heißt: Diese Beiträge (nicht aber die Krankenversicherungsbeiträge, die der Beamte auch zu tragen hat) wurden von den Bruttoverdiensten abgezogen.

Alterseinkommen

Beamtenpensionen

1. 75 Prozent des Endgehalts zuzüglich Jahressonderzuwendung;
2. der *Brutto*betrag der Pension ging in die Berechnungen ein;
3. 1984 keine Anpassung, ab 1985 plus 3,5 Prozent p.a. unterstellt.

Sozialrenten

1. berechnet aus den Werteinheiten, die sich angesichts der historischen Verdienste und der Ersatzzeiten ergaben;
2. bereinigt um den Steuervorteil, damit eine Vergleichbarkeit mit der zu versteuernden Beamtenpension gegeben ist; unterstellt wurden dabei die gleichen Steuerfreibeträge wie sie Beamtenpensionären gewährt werden. Für die Renten bis zum Jahresbetrag von 24 830 Mark ergab sich (weil noch innerhalb der Proportionalzone) dabei die Bereinigungs-Formel $(R - 3096{,}08) : 0{,}78 = R_b$. Dabei ist R = Rente und R_b = bereinigte Bruttorente.
   Die Bereinigungsergebnisse sähen anders aus, wenn nicht, wie hier, Steuerklasse I für einen Witwer unterstellt würde; aber die Veränderungen, die sich ergäben bei Annahme der Steuerklasse III (verheiratet, nur ein Einkommensbezieher) sind nur auf das Steuerrecht, nicht auf Regelungen im Ren-

ten- beziehungsweise Beamtenversorgungsrecht zurückzuführen. Eine Rentenbereinigung nach Steuerklasse III würde also den Vergleich verfälschen.

3. Die sehr geringe Eigenbeteiligung der Sozialrentner zur Krankenversicherung der Rentner (KVdR) wurde nicht von der Sozialrente abgezogen – schon deshalb nicht, weil die Beamtenpensionäre sich für ihre hälftigen Krankenkosten selbst versichern müssen, was teurer ist als der geringe KVdR-Beitrag (5,2 Prozent der Rente). Da die Rente nicht auch noch um diese Vergünstigung bei der Krankenversicherung bereinigt wurde, stehen die Sozialrentner in Wahrheit etwas günstiger da als hier ausgewiesen.
4. Als künftige Steigerungsrate für (bereinigte) Renten ist ein Plus von 3,5 Prozent jährlich angenommen worden.

Die Berechnungsmethode

Es werden Barwerte errechnet; das heißt: Die erzielten Erwerbs- und Alterseinkommen werden auf ein Basisjahr auf- beziehungsweise abgezinst.
Der Zinssatz beträgt einheitlich 6 Prozent jährlich.
Die Barwerte werden einheitlich für das Jahr 1982 ermittelt, dem Zeitpunkt, zu dem Beamte und Sozialversicherungspflichtige des Geburtsjahrgangs 1922 nach geltendem Recht frühestmöglich Altersruhegeld (mit dem leicht zu besorgenden Behindertenpaß) beziehen konnten. Dieser Zeitpunkt wurde gewählt, weil damit anhand der Rechnungen zugleich die Gewinne gezeigt werden können, die eine Frühpensionierung/-verrentung ohne versicherungsmathematische Abschläge bietet.

Die Berechnungsergebnisse

Neben den Barwerten der Lebenseinkommen und ihrer jeweiligen Aufteilung in Erwerbs- und Ruhestandseinkommen werden hier noch nachrichtlich ausgewiesen: die absoluten, nicht um den Steuervorteil bereinigten Renten bei den industriell beschäftigten Arbeitnehmern im Jahr des Ruhestandsbeginns

mit 60 Jahren, deren Höhe bei durchschnittlichen jährlichen Rentenanpassungen von 3,5 Prozent fünf Jahre später und im Vergleich dazu: die Rentenhöhe bei Ruhestandsbeginn mit 65 Jahren. Ausgewiesen werden auch die Barwerte der Arbeitnehmerbeiträge zur Renten- und Arbeitslosenversicherung, die ein Arbeitnehmer zusätzlich zahlt, wenn er, statt mit 60 Jahren, erst mit 65 Jahren ausscheidet.
Auch für die Beamten wird nachrichtlich die absolute Höhe der Jahrespension bei Ruhestand mit 60 und mit 65 ausgewiesen.

Arbeitnehmer in der Industrie
Ungelernter

Barwerte im Jahr 1982	bei Rentenbeginn mit 60	mit 65
Erwerbseinkommen	813 716	933 415
plus Renteneinkommen	210 369	163 401
gleich Lebenseinkommen	1 024 086	1 096 816

nachrichtlich:
unbereinigte Jahresrente bei Ruhestandsbeginn mit 60: 15 682 Mark; deren Höhe fünf Jahre später: 18 625 Mark; Jahresrente bei Ruhestandsbeginn mit 65: 20 517 Mark; Barwert der bei spätem Ruhestand zusätzlich zu zahlenden Arbeitnehmerbeiträge zur Renten- und Arbeitslosenversicherung: 15 537 Mark.

Angelernter

Barwerte im Jahr 1982	bei Rentenbeginn mit 60	mit 65
Erwerbseinkommen	920 841	1 054 989
plus Renteneinkommen	263 861	201 451
gleich Lebenseinkommen	1 184 703	1 256 440

nachrichtlich:
unbereinigte Jahresrente bei Ruhestandsbeginn mit 60: 18 882 Mark; deren Höhe fünf Jahre später: 22 426 Mark; Jahresrente

bei Ruhestandsbeginn mit 65: 24547 Mark; Barwert der bei spätem Ruhestand zusätzlich zu zahlenden Arbeitnehmerbeiträge zur Renten- und Arbeitslosenversicherung: 17413 Mark.

Facharbeiter

Barwerte im Jahr 1982	bei Rentenbeginn mit 60	mit 65
Erwerbseinkommen	944710	1095483
plus Renteneinkommen	277041	212505
gleich Lebenseinkommen	1221752	1307988

nachrichtlich:
unbereinigte Jahresrente bei Ruhestandsbeginn mit 60: 19671 Mark; deren Höhe fünf Jahre später: 23363 Mark; Jahresrente bei Ruhestandsbeginn mit 65: 25748 Mark; Barwert der bei späterem Ruhestand zusätzlich zu zahlenden Arbeitnehmerbeiträge zur Renten- und Arbeitslosenversicherung: 19570 Mark

Meister

Barwerte im Jahr 1982	bei Rentenbeginn mit 60	mit 65
Erwerbseinkommen	1393136	1629510
plus Renteneinkommen	388823	292812
gleich Lebenseinkommen	1781960	1922322

nachrichtlich:
unbereinigte Jahresrente bei Ruhestandsbeginn mit 60: 26343 Mark; deren Höhe fünf Jahre später: 31287 Mark; Jahresrente bei Ruhestandsbeginn mit 65: 34594 Mark; Barwert der bei späterem Ruhestand zusätzlich zu zahlenden Arbeitnehmerbeiträge zur Renten- und Arbeitslosenversicherung: 30910 Mark.

2. Beamte
Einfacher Dienst

Barwerte im Jahr 1982	bei Pensionierung mit 60	mit 65
Erwerbseinkommen	930 666	1 048 271
plus Ruhestandseinkommen	266 618	171 053
gleich Lebenseinkommen	1 197 285	1 219 324

nachrichtlich:
Brutto-Jahrespension bei Ruhestandsbeginn mit 60: 20 675 Mark; deren Höhe fünf Jahre später: 23 381 Mark; Pension bei Ruhestandsbeginn mit 65: 23 381 Mark (also keine Steigerung durch längere Lebensarbeitszeit)

Mittlerer Dienst

Barwerte im Jahr 1982	bei Pensionierung mit 60	mit 65
Erwerbseinkommen	1 195 148	1 378 218
plus Ruhestandseinkommen	414 423	266 377
gleich Lebenseinkommen	1 609 571	1 644 595

nachrichtlich:
Brutto-Jahrespension bei Ruhestandsbeginn mit 60: 32 138 Mark; deren Höhe nach fünf Jahren: 36 343 Mark; Jahrespension bei Ruhestandsbeginn mit 65: 36 410 Mark.

SPIEGEL-BUCH

Bisher erschienen (Auswahl):

Werner Meyer-Larsen (Hg.)
Der Orwell-Staat 1984
Vision und Wirklichkeit

Oskar Lafontaine
Angst vor den Freunden
Die Atomwaffenstrategie der Supermächte zerstört die Bündnisse

Michael Naumann
Amerika liegt in Kalifornien
Wo Reagans Macht herkommt

Hans Werner Kilz
Joachim Preuss
Flick
Die gekaufte Republik

Wolfgang Büscher
Peter Wensierski
Null Bock auf DDR
Aussteigerjugend im anderen Deutschland

Jochen Bölsche (Hg.)
Das gelbe Gift
Todesursache: Saurer Regen

Heinz Höhne
Mordsache Röhm
Hitlers Durchbruch zur Alleinherrschaft

Tiziano Terzani
Fremder unter Chinesen
Reportagen aus China

Hans-Dieter Degler
Dieter Uentzelmann (Hg.)
Supergift Dioxin
Der unheimliche Killer

Siegfried Kogelfranz
Das Erbe von Jalta
Die Opfer und die Davongekommenen

Klaus Franke (Hg.)
Mehr Recht für Tiere

Siegfried Kogelfranz (Hg.)
Die Vertriebenen

Werner Harenberg (Hg.)
Wozu noch studieren?
Die Berufschancen der Akademiker

Norbert F. Pötzl
Total unter Kontrolle
Computerausweis. Volkszählung. Verkabelung.

Robin Wright
Die Schiiten
Allahs fanatische Krieger

Hans Halter (Hg.)
Todesseuche Aids

Wolfram Bickerich/Jürgen Leinemann/Hans Leyendecker
Bruder Johannes
Herausforderer Rau

Tom Gervasi
Moskaus Übermacht
Eine amerikanische Legende

Joachim Wagner
Tatort Finanzministerium
Die staatlichen Helfer beim Spendenbetrug

Gunar Ortlepp
Südsee
Das verlorene Paradies

SPIEGEL-BUCH